为爱奔波

毛小孩们教我的生死课

陈文茜

献给短尾白
及我天上的九个孩子

九州出版社
JIUZHOUPRESS

二〇一七年的冷秋，

我正准备前往美国麻省理工学院采访人工智能议题，

我对未来的科技充满了想象，

完全没有察觉我那快乐的家，

当下正在无声无息地分崩离析中……

序言：百日孤寂

之一

先是某个太早降临的秋冬清晨，我从美国刚回来，时差还没有调整完成，突然被叫醒。清晨七点，可爱的小甜点（Bakery）伸出白色长长的舌头，因为天气温差太大，因为管家自己怕热把暖气关了，而且打开大窗，当天阳明山气温下降至摄氏十一度……小甜点因为服止痛药，导致低血压，立即昏倒，突然……走了。

然而，这个分崩离析的故事，才展开序幕。

我以为这只是一个意外，在无尽伤痛中，我不愿意沉浸其中，依约一周后再度因工作外出，我以为自己已经在某个谷底，还在痛苦与放手之中挣扎。突然间台北告诉我，我的另一个宝贝成吉思汗急性肾衰竭，可能是被隔壁邻居喷农药感染，他必须立即麻醉洗肾，而他早有严重的心脏逆流，风险很高。

我跨海在机场签了同意书，上飞机时看着空中的云，一会儿彩霞，一会儿昏黑，半醒半茫然状态中，度过了飞行的时光。

抵达台北，飞机刚降落，我立即打开手机，信息显示他麻醉醒来，安然度过。

但从此以后，每一个好消息，都蕴含下一个坏消息。成吉思汗度过麻醉风险，醒了，但无法洗肾。因为外科医师经验不足，管子没接好，隔天必须再手术，再麻醉，重来一遍。终于他还是度过麻醉，洗肾了，但全身颤抖，我当下曾开口希望让他在我怀里平安离去，但医生叫我给他机会。五天后，在忽好忽坏的消息交错中，他孤单寂寞地在冰冷的医院中，清晨五点五十分，走了。

那天清晨，手机一响，我已意识到我失去了他，我一直以来的心肝宝贝之一。

前后十四天，我失去了两个宝贝，毫无准备，过得恍恍惚惚。

寂静的墙和寂静的我之间，仍有野花，仍有落叶，有一年好不容易盛开的树之花蕾。

无尽的路途在无尽的墙间挺直延展，但我在哪里？我们的故事不该如此结束。我知道生命有弯道，有悬崖，有顺流，但有时候也有逆转。

死亡，为何如此逼赶着我？

整个过程中，我没有流一滴泪水，事实上我想大哭一场。但不知什么力量，阻挡了我，我已不完全是我自己。

我的理性告诉自己有很多痛要慢慢淡忘，很多新的路要慢慢走下去。过往有苦有乐，有失去的遗憾，但更有曾经拥有的甜蜜回忆。

一路随心感触，不必哭泣。带着微笑，轻轻看待生命中的起起伏伏吧。

这不就是所谓的无常吗？

于是我决定不把力气花在悲伤上，我知道这样我便会失去克服困难的勇气。

我该把沉重的心情，化为一点点冷静，照顾好更年迈、更衰老的另一只小狗南禅寺，就算为了我自己吧！关于死亡，我需要时间……喘息。

我若把时间只浪费在流泪，那只能准备面对真的会让我泪流满面的后果。

那段时间我开始和自己在深夜对话。点香、燃烛。是的，伤痛会留下永久的印记，它会在你心里掘出一个洞，筑个巢，然后盘踞在那里。尽管它只是你生命中的一小段，但人对伤痛有一种自然演化的顽强记忆，它会吞噬周围一切温暖的情感。我不想让自己渐渐失去爱的能力。

我得学会若无其事地带着伤痛生活。别把一刻，变成永恒。

彻夜我告诉自己，孤独是一个美丽的时刻，让我们体验，真正的我是什么，透过自我省思并把外在的自我放下，向尊严、向虚荣、向地位、向一切投降，放下。

这一刻，我什么都不要了，只有在最孤独和痛苦的时候，我才愿意说这句话。而此时，我们反而可以找到自己。

也许我们都需要经历一种失魂落魄的日子，才知道自己曾经拥有的快乐有多少，才能和“过去”真正地相遇。

之二

The Party Is Over.

二〇一七年底从十一月二十日至十二月四日，两周内，突然失去两个毛小孩。这几天好几个朋友，担心我会太痛苦，希望送我狗，一次三只；或者陪我到花园流浪动物协会，再领养几只狗，维持家中儿孙满堂的盛况。

我曾梦见毛小孩成吉思汗，还有久违的 Micky（北京狗，二〇〇一年十月往生），两个从未碰头的小孩，在我的梦里相遇。

他们都带着微笑。

所谓梦，往往是拼凑的荒谬世界。我梦见他们陪我到斯坦福大学上课，我写了一篇论文，但居然忘了写英文，还是干细胞研究的哲学讨论，就交卷了。接着我聪明的表哥（二〇一六年往生，西北大学人工智能教授）建议我，先投稿中文版，再补上一份英文论文，斯坦福大学的教授应该不得不接受。

怀念的人、怀念的毛小孩出现了，在不同的主题。成吉思汗变成了当年我在加州伯克利大学时陪我散步的另一个毛孩子

Smokey，沿途又跑又哭，因为他闻到了一台远方卖汉堡的餐车。

晨醒，我也醒了。

几天过得浑浑噩噩，恍神状态。数天后，醒了。

The Party Is Over.

我曾有过回家群孩环绕的欢乐，过年一家群狗围炉的时光，春天在顶楼吃水果色拉加鸡肉的愉悦回忆，还有每天带着他们到附近星巴克或是阿祥咖啡屋喝奶泡的快乐过往。

甚至台风天，逆转找开心，跑到淡水买瓮仔鸡，大伙吃手扒鸡，群狗疯狂的场面。

这些回忆已经足够，也不需要再复制。

我陆陆续续“参加”Party的派对人生，已经快十六年。

下个阶段，该往前走了。

我一直渴望退休后，再回美国或是法国，读一门课程。卡梅尔小镇靠近斯坦福大学，MIT的媒体实验室，纽约大学计算机艺术课程……或是动物心理学，法国亚维农的戏剧课……

短暂的人生，我该给自己其他的选择了。等老一点的孩子也走了，我的《世界周报》节目也该告一段落了。等史特劳斯、心爱的馒头也离开时，我将带着所有的回忆，到某个天涯海角。

这大概就是小甜点、成吉思汗离去，想告诉妈妈的智慧。

人生很短，妈妈，你该准备踏上下一个旅程了！

之三

二〇一八烟火，悉尼。

这似乎已成为跨年的仪式。没有烟火，无法突显这个不平凡的日子。

但所谓从二〇一七到二〇一八的跨越，除了使我们每个人都多了一岁，往后签署日期没有二〇一七这四个号码，它的意义在哪里？

它的白天并不特别长，气温也未必特别冷，纯粹只因为人为刻度及地球自转的计算，这一天世界都唱着相似的音符，然后仪式性地高声倒数。

突然之间，分分秒秒，那么特别，那么珍贵，突然之间，就在今夜。

过去喜欢节庆的我，跨年一定参加 Party，或者在不同的城市享受跨年，或者与友人在某个最佳景点一起观赏烟火，似乎是走过岁月的必经过程。

Auld Lang Syne，友谊长存，不必哀悼。往事不必回忆，人生太短，可以相聚，说些好故事，听些想流泪又不必流泪的歌曲，高歌欢唱之间，烟火炸了。

炸掉了瞬间的分分秒秒，炸掉了过去，那些绚烂的色彩缤纷的世界，让我们遗忘了所有的苦处与为难。

这一生，几乎每个跨年皆如此。

但今年，满六十岁的我决定让今夜回归平淡。本还想到顶楼吃手扒鸡，冷飕飕的寒风，打消念头，不如家中抱着毛小孩暖和多了。

想想十七岁的南禅寺还能陪我几个跨年，或者更冷血理智地明白，这可能是我和她最后“友谊长存”的跨年。

其实今夜，她就是我最好的烟火。

下午煮了一锅麻油鸡，家中香味四溢，电子炉火烧起，圣诞节的灯饰尚未拆除，院子已开的茶花，剪下来放在不同角落……

过去为了把平凡的日子闹得不平凡，还得舟车劳顿，跨国飞行；今年我决定把似乎不平凡的日子，过得平凡、简单、安静且温暖。

幸福有些时候，不需要太多尖叫声。

我写了一封信给“幸福”：

它们很温暖，我注视它们很多很多日子了。它们开得不茂盛，想起什么就说什么。没话说时，就尽管长着碧叶。

你说我在做梦吗？

人生如梦，我投入的却是真情。

世界先爱了我，我不能不爱它。

为爱奔波

之四

我没有逃过死亡。

一月十二日晚上十点半，南禅寺突然呕吐，全是白色物质。她全身发软，舌头变白。

我抱着她，先擦干她的身体，然后第一时间给了她氧气。

由于事先没有任何征兆，会开车的秘书之一刚刚才离开半小时，手机没有开。还好山下另一位秘书和她先生拦车上山载我们，我们三人分别带着氧气瓶、备用氧气、她所有的药物、衣服，我抱着南小姐奔至台大动物医院。

上次离开那里是十二月四日，那是成吉思汗走的清晨，我的心碎之日……我再度走入红砖建筑物，身体的反应很自然，心律不整、胃痛一起发作。

然而送医急救过程中，我却不断安抚大家："她的身体已经不再虚脱，会抗拒吸氧气，血压应该已经慢慢回来，南禅寺可以度过，大家不要哭。"

那一刻我听到自己的声音温和又笃定，像另一个飘浮空中的音频，与我有关，又似乎无关。

到了急诊室侧门，我不再慢慢说话，直接抱着她用力奔跑。我知道我们都跨不过某些命定的结局，可是我想跑过这一次的悲剧。

这个家，过去不到两个月，已经走了小甜点和成吉思汗，这个家已经流了太多眼泪，我想跑赢它，让悲剧追不上。

值夜林医生验血结果，南禅寺的血溶比指数只有 18%，是一般狗正常值的一半。过去三个星期，她好不容易才从 21% 拉到 23%。

正确地说，南南已经得了致命性的溶血症三年又四个月。我立即打电话给专业配血的先生，他当然记得我，上回他的大贵宾捐血给成吉思汗，几年前南禅寺病危，也靠他的协助。电话中，他问我记不记得南禅寺上回配血是大约什么时候？我立刻响应：二〇一四年九月二十八日，他非常惊讶我背得那么熟，记忆力如此之好。

这不是记忆力，这就像母爱。每个母亲都会记得自己孩子若不幸重病，那个发病的日子。你视她为孩子，她的疼痛，就是你的疼痛。

这三年多，南禅寺几乎天天进出医院，但是喜欢坐车兜风的她，乐得把到医院打针当旅程，当乐趣。她早已不怕。

于是我和她，渐渐把上医院、看病，当成日常行程，好像吃饭、睡觉一般，而且幻觉会一直如此持续下去。

回想起来，人对某些悲苦有逃避的本能，何况是“南霸天”。她在我的心中，永远都是嚣张小婴儿，行为举止也如小疯子。我如何认知她的老？接受她的衰？

那不是理性认知可以解决的。

在医院等待期间，发现自己忘了带她明天的早餐，于是又再回到山上，再次下山……沿路刚好帮辛苦照顾所有毛小孩的医生、医院助理，买份豆浆烧饼油条。热腾腾的是我的感激，不是食物，是他们在我无助时给予我的温暖。

交代完所有细节，离开时，南禅寺一方面怒气罢食，一方面对自己被关在笼子里哭闹不停。

孩子，妈妈舍不得你，但是今夜，这是可以把你照顾得最好的地方。请别生我的气。

一个人走出台大动物医院，已经凌晨三点了，我忍不住也开始大呕吐。凉风一点也不温柔地吹来，我真想问天地，需要这么寒冷，才足以考验试炼我吗？

上了出租车，再回山上，另一只大狗史先生在门口迎接我。抱着他，暖暖的，痛痛的，但我还是没有哭。

我对着门口一株白色茶花合十祈祷，老天，请不要如此试炼我。我没有那么坚强。

我，只是一个流光了泪水的母亲。

之五

隔天在笔记本上我写着：请记住，快乐的人，不是没有痛苦，而是不被痛苦所左右。

我对南禅寺说还剩点时间，让我迷恋你的样子，听着你的呼吸，摸着你的心跳。我们虽已互相陪伴快十七年，但到了最后，哪怕一些微小的事物，已足以让我记住你一辈子。

最后这段路正因它剩下得那么少，分分秒秒，对我们皆格外珍贵。

原来时间不是抽象的，它具体而微，你细心地感觉它，好像细数一项天大的礼物。

为爱奔波

之六

他们说日子是一寸一寸过的，而我今天为了搜寻资料，居然惊讶已经二〇一八年了。

多么可笑，人的理性和知觉是如此脱离的。去年十二月三十一日我还抒写了跨年的感悟，可是我的认知钟摆，却顽固停留在二〇一七。

由于失去两个毛小孩，寸寸的心痛，使我认知不了年岁的移动。我反而知道小甜点走了两个月又四天，我知道二月四号，再十天，成吉思汗也走了两个月。

我的时间轴不是公众的日历，是我的孩子离开的时间。

而我手上，还有一个病痛末期的南禅寺。我陪着她，目睹她的痛苦，她仍有坚持，她想回家，想躺在自己的新床上，想主人抱着她心安地睡觉。

看着她，拥有最好的医疗，最尽心的照顾，我想：小甜点突然意外走，成吉思汗因为邻居的樱花喷了农药……他们突然地走，是一件坏事吗？

小甜点住院二十天，但除了初期，一转到台大动物医院，他的病情就稳定了，没有太多折磨。他求生意志坚强，出院那天，他傻傻地不敢相信自己终于脱离了病痛，重获自由。但是一个人为的疏失，十二天后他因温差变化太大，突然走了。

我舍不得，也觉得对不起他。但他走得毫无痛苦。已经十六岁半的小狗了，未来折磨难免，这样走，不好吗？

成吉思汗一生以吃为志业，当他不能吃时，对他而言，生命已失去意义。这辈子，他是来图个快活的，讨厌医院，见到针筒，还没有注射，已经叫得如杀狗声，声传千里。他后来即使洗肾成功，救回来，若如南禅寺这般折磨，这混小子可不吃这一套。活和死，他都要痛快！

而南禅寺病了三年多，最后这两个月，她的疼痛、疲惫，如一个已然变形的生命体。我那个永远雄霸天下的南婆子，没有了威武，只剩下最后一丁点小小愿望，希望我们抱着她，乌溜溜的眼神仿佛想告诉我什么：妈妈，我受不了了？

于是，这两个月来，我的认知完全和二〇一八无关，它不是新年，是生命经历中新的一页。

我必须重新认知死亡，学习接受，它如此紧迫，我才刚刚放下了一点苦涩，另一个死亡已经降临；才从无可言喻的无助中走出来，一个病危的“亲人”，又叼着死亡的钟摆，在我面前滴滴答答地算时间。

直到钟响。

我想这次我会哭，有能力哭……

因为南禅寺用她的痛苦，让我学会放手，学会对生命所有答案的接受，更让我明白那两个突然走的小孩，不见得是不幸。

你不能抗拒死亡，但你可以看穿它。

之七　遇见短尾白

我还在感叹生命的悲伤吗?

现在我要为你介绍我的好老师。她的名字叫：短尾白。

二〇〇九年，没有人知道她已经流浪了多久，从哪里来？为何被丢弃？但显然已经是一个在街头没人要的小东西，许久，许久。

有一天，台北县捕狗大队抓获了她，可以想象当时她的惊恐及颤抖。接着她被丢入中和收容所，这里本来是生命各种答案的另一个起点。一个典型答案是：第十二夜，安乐死。还有一个答案是：幸运地被领养。另一个答案是最糟糕的：在收容中心感染疾病，不治死亡。

她碰到了这些选项中的最后一个，感染了狗瘟热，一种导致她从此全身瘫痪的神经病毒，这个结局几乎没有分号，等待她的就是比流浪还糟的状况，也是生命终点前最糟的状态。

她可能被丢在地上，全身脏臭，无力喝水，不能进食。收容中心如果没有足够的工作人员，她可能比安乐死更惨，激烈且孤独地死。

但短尾白跳出了这些命运选项，她遇见了长达十年带着学生在中和收容中心当志工做研究的苏璧伶教授。短尾白瘫在那里，台大动物医院志工团队必须做出困难的决定，哪些染病的狗必须要先安乐死，才不致于扩大感染，和哪些可以救。

短尾白当时已经四肢瘫痪，苏教授的团队决定救她的理由，居然是：她“超级贪吃”，每天趴在地上，动弹不得，却还是好爱吃东西，这代表这只狗其他器官仍然健康，而且她想活下去。

短尾白的戏剧故事还没有结束，一个医疗实习医生在恍神中，给她下错了针，从此非常愧疚，每天拜托家人排队买法国面包喂食她。是的，她已经瘫痪，连小便都需要靠人挤尿，但是对于生命，对于未来，短尾白没有什么茫然，更不必暴躁。

她的世界，从此就是一块嚼起来喷香十足、大大的法国面包。

于是自二〇〇九年至今，她在众人合力下，住进了台大动物医院，成为台大动物医院的院狗，并且第一回有了名字：短尾白。

经过台大动物医院神奇的治疗，她的前腿居然可以移动了，后半身倒是全部瘫痪，无可奈何。苏教授于是帮短尾白做了一个滚轮椅，我第一次看见她时，还以为这是马戏团出来的住院狗。因为她矫健的身手，尤其上半身毫无障碍的“向前行”，有些时候甚至可以滚得很快，乍看之下好像她正准备滑轮，挥杆一场曲棍球。

我的错觉不是因为我没有同情心，而是她实在太可爱、太快乐了。对生命她没有太多奢求，除了吃、到处吃、四处吃……关于自己过去的悲惨，她脸上没有什么痛苦表情，没有记忆，没有自怜。只要拍拍她的头，她即笑呵呵。至于当下生活，她没有苛求。

除了吃。

在过去十四天南禅寺的住院期间，每日为了灌食，搞到人仰马翻，我也搅尽脑汁，为她配食物。上午鸡肉水梨池上米花椰菜，中午牛肉菠萝水梨胡萝卜高丽菜……有一天还翻出法国神厨 Paul Bocouse 的鹅肝配方，把鹅肝换了台湾鲷，其他尽量比照，伺候刁狗南禅寺（当然这是因为她生了重病，不过，我太累了，还是忍不住诋毁她一下）。

短尾白显然闻到后方传来浓浓的香味，居然自己靠鼻子偷开边门，没有后肢轮椅，直接拖着残肢，硬滑到南禅寺住的病房。这趟长廊光走路，人也要十几步，何况瘫痪的她，可见她的“吃志”多么高昂。

虽然所有实习医生都告诉我一定要问过苏教授，才可以喂食她。但眼看她历经千辛万苦爬到我们的病房，我管她三七二十一，就偷偷塞了几块鸡胸肉给短尾白。

她的记性也真好，从此看到我，即一脸笑意，我想在她眼中，我就是一个大肉排，香味四溢，顶好外加点当季水梨配池上米，我就是个驻院三星主厨。

短尾白待在医院近九年，一个小小的空间，长约三十厘米，宽五十厘米，但她已经相当满足。这九年她看尽各方被宠爱的名狗来来去去，守在医院分给她的小角落，从不叫，也不哭。生生死死，她看多了，明天不知道长相，昨日只代表吃的食物已经消化，当下只有一件重要的目标：Where has all the foods gone？

医院对许多动物本来是苦痛的代名词，但对于短尾白，那可是她一生最安稳、得到最多爱和幸福的家。在动物医院里，多数的实习医生都比她资浅，所以在这里她除了有一个编号，可能是一辈子第一个名字外，还有个重要头衔：学姐。

哦，对了，她是母的。但是她夜晚时，研究生会固定为她挤尿，短尾白的表情仿佛在享受脚底按摩，没有羞涩，非常感恩。

今晚夜里，我带着南禅寺向医院请假回家，明早再回去。我知道她的生命已经倒数，心中纵有不舍，看到短尾白，我已不再伤心。我本来的泪水在风中，已化成爱，我想把剩余的爱，更多的祝福，给生命力无穷的短尾白。

由于对生命的爱，使她更值得生命……逆风不流泪，活着的每一天，都在歌唱："我的食物在何方？"寻寻觅觅的不是愚蠢人类无聊的爱情，而是具体又芳香的食物。

她曾经流浪，如今她已有所居；她曾全身瘫痪，如今她已有滚轮车；她不必争特别的宠爱，因为从一无所有，到一点点爱，她已飞扬愉悦。

一个知道什么叫作"足够"的生命，活得如此丰足。

于是我仿佛听见未来有一个古老的传说将传唱：有个先知，她的尾巴是白色的，她的形象不是人，而是从容的一只狗，她不必站在苍茫云海之处，已经得道。

她在台北最边缘的角落，启发每一个自以为受苦的人。

送给所有人

当你拥有生命，还可以自由行动的时候，就要感受生命之美，世界之大，可能性之宽。

不要虚掷你的青春时代、黄金时代、中年时代……任何时刻都不要去倾听枯燥乏味的东西，尤其不要设法挽留无望的失败，不要把你的生命献给无知、平庸和低俗。

活着，把你宝贵的内在生命活出来。什么都别错过。

序幕

二〇一七·十·十八

不知什么原因，小甜点 Bakery 病情突然恶化得非常快。从星期天开始，他不断地发病，气管塌陷，无法呼吸，发出痛苦的声音。

昨天送去动物医院治疗，今天仍然没有起色，我用了快七瓶喷氧急救罐，加上家中的制氧机，急救他数次。而且以前只要一会儿即好，这几次都拖了快十几分钟。

我把他抱怀里，他高兴激动，反而增加他的痛苦。今天下午看到他在院子走路，举步维艰，好想哭出来，我的孩子，你好辛苦。

小甜点从小本来苦命，一直没有人疼，关在笼子里，七年几乎没有见过草地，也不会走路。

他七岁时才从黑暗中来到我家，第一回走花园，害怕至极。慢慢地，他适应了，开始会跳、会跑、会撒娇。

在家中他最小，逆来顺受，只有在我怀里，会骂人，当个小可爱。

现在深夜两点半，我还是不放弃，帮他吸氧，也担心他的膀胱

结石毛病再犯。上回他开刀，已经肺积水，这次不可能动刀。如果一痛，他就紧张，不能呼吸，实在太可怜。

折腾一天，他非常虚弱，现在我为他打造了一个氧气房，他已睡着。亲爱的小甜点，大哥大走了，Smokey 也走了，你是陪伴妈妈的最后一只博美。博美犬是我小时候的第一只小狗，你们都是我一生对博美永远的痛和爱。

我知道你已经十六岁了，在先天不良的身体状况下，你已经勇敢地度过好几个难关，不容易。我为你的痛苦心疼，但是你那么胆小，我不要把你送到加护病房，因为光是恐惧，就会要了你的命。

家中还有史特劳斯、馒头，我此生最后的任务是好好照顾你们一生。我常常告诉自己，要注意身体，我不能让馒头、史先生老了没有妈妈，至少得为他们再活十五年。

所以，小甜点，你会是妈妈此生最后的博美，一种从小陪我长大，我最熟悉的动物。

请你为妈妈，再撑一下：为和你最相亲相爱的成吉思汗再坚强一次。

我知道你很辛苦，但是我还坐在地上陪你，虽然没有抱着你，但我就在你身边……小甜点，谢谢你给我的快乐，我好爱你！

二〇一七·十·二十

今天晚上的小甜点：

1. 舌头不再伸出来。呼吸正常。

2. 瞪着美丽姐姐们骂，为什么不带我回家？虽然姐姐们叫他小可爱。

3. 气得转身。

4. 再回头看看。

5. 不理人，睡觉，郑重呼吁：“不带我回家的，请不要再来调戏我。”

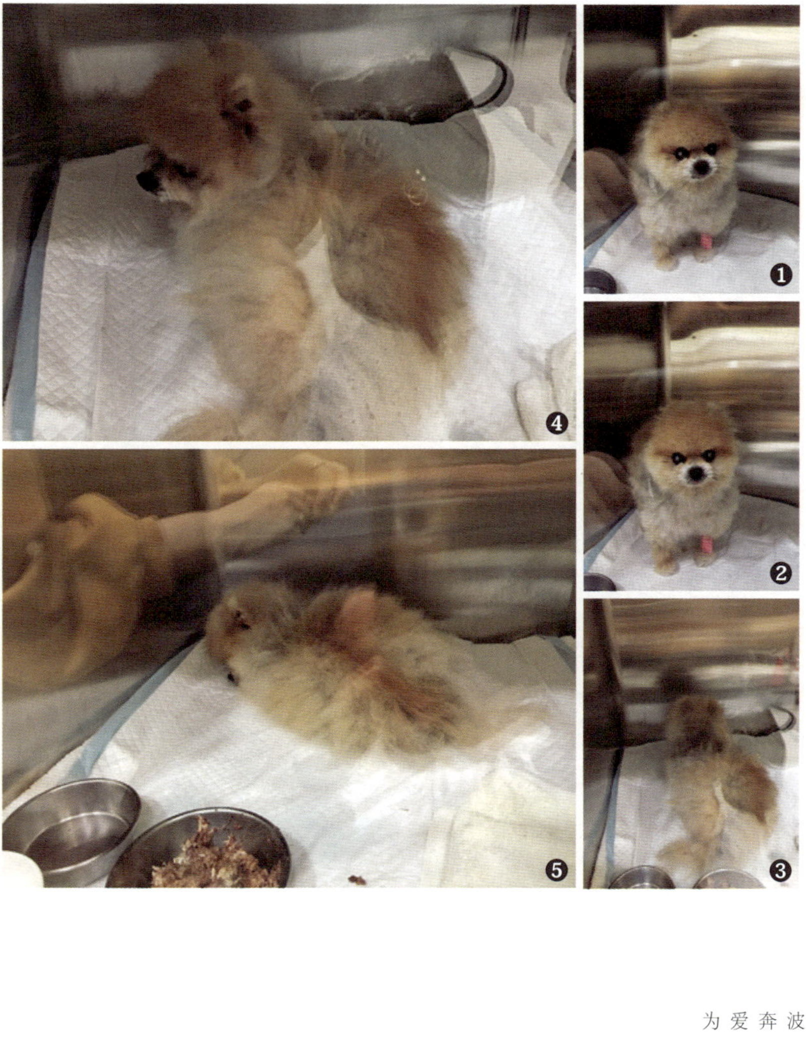

二〇一七·十·二十

人生不需太执着，该放手要放手，但人生有时候更不要轻易放弃，该坚毅的事，就要全力以赴，才不会徒留遗憾。

小甜点 Bakery 生病时，好多人为他加油打气，也有些人告诉我他的年纪大了，再治疗只会增加他的痛苦，好心劝我勇敢放手。

其实放手和坚持都是爱，但必须取决于事实状态。

我一生共养了六只博美犬，大多因心脏病或气管塌陷走掉。李敖大哥二〇〇二年送我的小博美“李敖大哥大”，他是二〇一三年五月十五日走的。

从一岁多，他就气管塌陷，因为大哥大是吉娃娃和博美犬的混种，他可爱至极，但是不到 1.3 公斤，叫作 Cup Dog。一岁多起，他因先天不良开始频繁发病，经常一紧张，舌头变紫，身子一软，即昏倒休克。

十二年来我大概急救他上百次，直到他十二岁那年，我到美国开刀，家中助理又叫错饲料，他瞬间发胖，终于有一天，他不断发病后，我刚刚从美国开刀回来，他虚弱地从自己的小床走过来找我，我一抱起来，他当场眼睛下垂，舌头发紫，怎么救也救不回来。

他走过来，想在妈妈怀里离开。大哥大走后，我虽然哭，也懊恼，但他长期处在低氧状态，我知道这一生除了生病、被南禅寺恶咬，他很快乐，没有吃过苦。我在脑海中留下的，都是他可爱无比，例如偷吃比他还要高的油条模样。

Bakery 的情况不同，他的舌头一直是红色，生病时伸很长，但仍然是红色的，病发时呻吟气喘。的确，他老了，身上有骨刺，加上小时候他被原饲主关在笼子里，后腿退化，脊椎损伤压迫神经。

但这些都可以用针灸，来减少他的疼痛。

Bakery 这次发病也是巧合，他一个月前还活跃得很，一个星期前我不在台湾，他开始发出声音，一个新助理为了骗他喝多一点水，每次都放豆子在水中，看到他吃得那么开心，愈放愈多，后来他等于一天多吃一顿，于是胖了约百分之二十的体重。从 1.6 公斤变成约 2 公斤。这 0.4 公斤，对于小博美犬等于要他的命。等我知道他出问题时，他已进入急救状态。

过去四天，虽然每日往返动物医院，但没有用最高浓度的氧气及类固醇，病况改善有限，时好时坏。

昨晚我们以为他好多了，他开始骂人，把他抱离氧气室不过十分钟左右，他突然病发到一分钟呼吸约一百二十下，我立即决定冒险送急诊住院……

今天医院宣布他已经稳定了，周末可以回家，但回家后必须继续住在氧气室一段时间。

我给大家的意见是：当你的宝贝受苦时，不要为了舍不得而给他太多痛苦，这时你可以流眼泪，但要坚强放手，终止他的痛苦。

但是当你的孩子有救时，请不要轻言放弃！在你的细心照顾下，他可能会慢慢好起来。

坚持下去，直到你们真的需要互相道别的那一天。

二〇一七·十·二十

小甜点撑了几天，本来以为稳定了，家中到处是氧气机、急救钢瓶。

今天晚上七点，他在氧气小屋里大叫大嚷，于是想大概好多了，心疼他，把他抱出来，他在尿垫上先小便，然后乖乖地睡着了。

没有想到十分钟后，他突然醒来，病情再度恶化，怎么喷氧都缓和不了……喘气呼吸一分钟快一百次，我立即冲下山送加护病房，一路把钢瓶氧气先开到七，他舌头还是伸很长，异常痛苦。好心的助理一边给氧气，一边哭，我不顾一切一口气调到十，Bakery 小甜点才舒服一点。

终于，安全抵达动物医院。

本来以为 Bakery 今天会在家中安全度过，特别约了好心的“放放窝”冯姐到家中，帮他剪过长的指甲、脚毛，这样在家中小便时才能不摔倒。

结果小甜点住院去了，好心的冯姐先去医院看他，再到家里帮天下第一鬼哭狼嚎成吉思汗及淡定的南禅寺修指甲及脚毛。

我焦虑了几天，本来是舍不得胆小的小甜点住院，看到伊甸动物医院给了他照顾，终于比较放心。我离开时告诉他，我们都好爱他，亲爱的孩子，千万不要怕。

夜晚十一点，我开始剪成吉思汗的脚毛，再听到他大惊小怪的鬼叫，已不再像过去嘲笑他。

谢谢他还算健康，扛着心脏病的身体陪着我们。

把他的鬼叫当唢呐，吹给远方小甜点弟弟，当祝福。

二〇一七·十·二十

我亲爱的孩子，这是十年来，你第二次住院。我知道你很害怕，但是妈妈、阿姨们照顾你多天，每日白天奔走医院后，今夜你仍然再度发病，一分钟呼吸一百多次。

对不起，小甜点，我没有注意到近日天气改变，你的不适。我必须把你送到更专业的医院加护病房，他们可以用喷雾类固醇，及其他更浓的氧气救你。

此刻你或者疑惑，或者孤独，或者害怕陌生的环境。但永远不要怀疑，你是一个活在浓浓爱之中的孩子。

你去了一个叫台大动物医院的地方，那里几位医师如此细腻地照顾你，今晚家里所有的人都为你祷告。小涴姐姐一路送你去医院时为你喷钢瓶氧气，一边喷，一边哭。我们都如此爱你。

小甜点，不害怕，天黑了，在浓浓的氧气中，好好睡，才能康复。妈妈永远不会放弃你。今晚，我把你的照片放在床头，亲爱的小 Bakery，我会永远在你的身边。

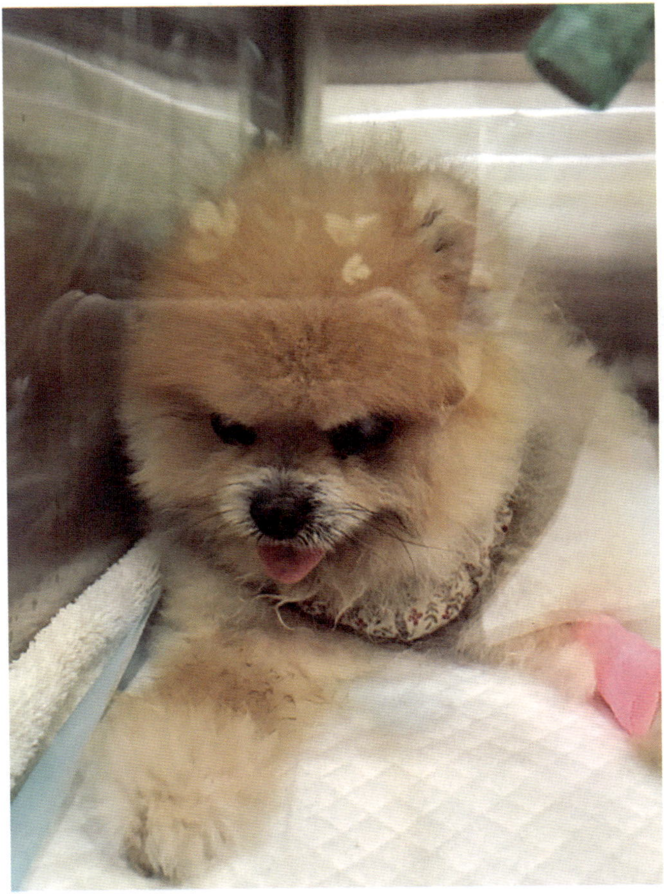

二〇一七·十一·三

“从没想到有一天自己也会变老。”三个月前请赖岳忠摄影师为全家孩子拍摄的照片。

当时不知道 Bakery 这么快就住院差点走了，不知道成吉思汗已经心脏衰竭，刚刚知道馒头的眼睛再也看不见，早已明白南禅寺已经和白血球攻击奋战三年。

二〇一七·十一·八

因为牙齿感染，白细胞太高，必须拔牙的Bakery，今天下午三点麻醉，拔掉牙齿。他已经十七岁，手术风险高，花的时间远超预期，直到约八点半，呼吸稳定，才回到病房。等待五小时的美女助理，看到他终于平安出来，回到病房，当场哭了。

台大动物医院李继忠医师嘱咐今天让他留院，才能安心，明天再出院。

在飞行途中，我本来睡着，后来吓醒，飞机上网络又不通，直到刚刚看到信息才心安。

感谢三个星期来，所有帮助小甜点度过各种难关的助理、医师，所有为他打气加油的人，非常非常感谢你们。

二〇一七・十一・九

当你被囚禁太久后，你已经忘了什么叫“自由”。

小甜点住院二十五天，其中加护病房住了至少十五天，每日我们可以探望，顶多二至三次。他一路过了好几个鬼门关，今天终于出院了。

我带他走出医院时，他迷迷糊糊，不知道怎么回事，走下台大动物医院门口，秋风起，一名工人在旁扫落叶，他却没来由地对沙沙声直发抖。

上了车，怕他紧张气喘，把小甜点放入平常他吸氧的小车内，他开始骂人，抱起来放怀里，他时而打盹，时而怀疑是不是又要转院。

即使回到家，放在他熟悉的床上，他仍然呆滞地盯着我们。

孤单久了，回到家，这样热闹，这么多熟悉的人和兄弟姐妹，如梦一场。

而馒头望穿秋水三个星期，妈妈终于回来了，但搞不清楚为何焦点都不在他身上。于是趁着换药（皮肤）时，伪装自己非常非常虚弱。

一切戏剧，直到史先生靠近、馒头开骂、Bakery 也跟进大叫，那一刻，小甜点确定：我回家了！

二〇一七·十一·二十

我心爱的小甜点，十一月二十日上午八时左右，突然昏倒，之后排出身上的污秽之物，舌头伸长，冰冷的白色舌头，走了。

我用氧气急救室、按摩心脏，他都没有再回神。

自从出院回家疗养后，他每天忍着痛，一天服用三次止痛药物。天变冷之前，还可以在小区走路。看到他喜欢的 Vicky 小姐姐，还会奔跑。样子可爱极了。

昨天天冷之后，没有让他出门，在家里走路，吃饭，吃药。今天上午七点半起来，很乖地在板子上尿床，突然半小时后，直接倒下。离他最爱的鸡肉泥早餐还有一个小时，他已来不及享用。

平平淡淡，静静地走了。就像他的一生，永远是家里最乖的孩子，认命也深爱他的哥哥姐姐，从来没有脾气。

我的小可爱，去天堂吧！那里有你熟悉的 Smokey、大哥大，你们三个在一起，互相照顾。有一天，妈妈会去找你们。

不要怕，我的小甜点，我的小乖乖。终于再也不痛了。

二〇一七·十一·二十

送别我可爱的孩子小甜点。

回家的路上，细雨蒙蒙，山岚如仙境，云雾细腻一直往上飘飞，落雨后的竹叶，绿树有一种独特的清新。

你走了，只剩一个小瓶子，妈妈为你挑选一个可爱的蓝色小饰品，正如两个月前，你发病前戴的帽子。

想起许多点点滴滴，妈妈忍不住在摸着你做最后告别时，大哭。你是妈妈失去的第七个孩子，这一切如此熟悉，又好像梦境。

送你进入火葬炉前，我的孩子，你的腿已伸直，体温也渐渐消失。但你的眼睛已经闭上，如此安详。

你一直以来都是家中最乖巧的小孩，十年前妈妈把你从一个痛苦的笼子里带出来，你贴心地黏在我身上，舔着我的手，一个感恩的小孩。

刚刚开始来家里时，你后腿退化不会走路，后来居然可以开心地环绕客人，如跳苏菲舞一般，旋转，旋转。

去年围炉，粗心的妈妈不小心抱着你，你一看到馒头弟弟爬上桌吃饭，急得也想站起来抢食物，结果从椅子滑到地上。勇敢的你，没有哭，没有叫，立即站起来，要妈妈再抱你。

南禅寺姐姐生病在前，已经三年，天天到医院，馒头弟弟眼睛又瞎了，看不见，我们怕他受伤，常常抱着他。而你忍着脊椎压迫神经的疼痛，直到最后哀号，不能呼吸。

这段时间你是否抱怨妈妈忽略了你？

对不起，小甜点，对不起。

谢谢你这十年带给我的快乐。

今天带你回家的路上，妈妈强忍着眼泪，希望走一条如天堂的路径，带着可爱的小天使回家。

回家后，少了你，家中南禅寺、成吉思汗都知道你出事了，表情落寞。这个曾经欢乐满堂的屋子，顿时安静许多。

亲爱的孩子，答应妈妈，我们一家以后，天上团圆。

二〇一七·十一·二十一

他们说：人的白天和黑夜，是不同的人格。

夜深了，所有的白天涌上脑海，一整天，我只记得清晨 Bakery 小甜点倒下时的画面。之后，几乎都成了空白。

夜太沉，压得人没有逃避的空间。我的孩子走了，我的小甜点永远走了。如梦，却更如实。

史先生今夜懂事地陪伴我身边，而床头旁的婴儿车，有玩具，更有我好几个孩子的骨灰。

从二〇一一年 Smokey、二〇一三年大哥大、二〇一四年肖邦，到今天新加入的 Bakery 小甜点。

他们化成灰，还是我的孩子。

而我永远不会离开他们。我只是用另外一种方式，陪伴彼此，让他们知道妈妈永远不会放弃他们。

把小甜点的骨灰坛再放进去，婴儿车已满，那是我当年救狗改装成氧气房的车子。

如今，已堆了满满的骨灰盒和孩子们生前的玩具。

其实每走一个小孩，我都好像脱了一次皮。忽而恍神，忽而正常。未来的我还有多大的承受能力?

看着床边的史先生，我告诉他，你应该是妈妈养的最后一只狗。妈妈老了，养毛孩子是一种责任，史先生可能可以陪伴我至七十三岁左右，但我没有把握自己可以活到那个岁数。我告诉史先生，妈妈会为他保重身体，保护他到最后。我不会让他小时候流浪，老了又失去可以倚靠的亲人和家园。

最后我想对亲爱的小甜点说些诚实的话，这一天，我有一万个舍不得，虽然也有一万次告诉自己要放下。

拉扯到夜晚，我想告诉小甜点，妈妈好想再次抱你在怀里。看你可爱的眼睛，听你气呼呼偶尔骂人的声音，以及每次急着和成吉思汗抢食物互挤着急的场面。

曾经我一直误以为这些幸福，是永远。

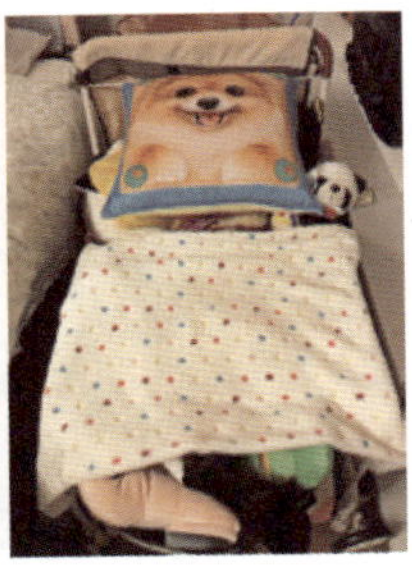

二〇一七·十一·二十二

人心中若有大悲，通常沉默不语。

二〇一一年三月，我抱着三个博美孩子，拍了一张合照。

那几年我常常三个一起抱着，从楼上走上走下，或是这样带着他们走去星巴克喝奶泡。

当时我觉得自己是世界上最“富裕”的人。自左至右：小甜点Bakery、Smokey、大哥大。

拍完照片后不久，他们分别在二〇一七年十一月、二〇一三年五月、二〇一一年六月离世。

终于知道什么叫“心，空了”。

二〇一七·十一·二十二

天冷了，比气象预报提早两天。

小甜点离开已经两天多，他的骤逝，我当然不舍，也必须放下。但是照顾他的台大动物医院的医师都非常吃惊，因为他们知道，我人在国外，为了让我安心，把小甜点照顾到连牙齿都洗干净，病情非常稳定，才让他回家。

今天本来是小甜点预计回诊的日子，我伤心之余，想提醒各位，“温差”对老人、老狗的致命性。

其实我出国前已经将家中室内温度设定为二十五度，并且告诉所有助理及工作人员，任何人不许动温度设定计。

可是小甜点走的当天上午七点，上班的管家从十四度的户外走入，觉得室内很热，尽管我们一再交代，他仍然粗心地关了暖气，打开窗户，因为他穿了毛衣。

在气温剧降下，小甜点提早醒来，小解，然后血压下降，昏倒，走了。这本是出院前医生一直提醒必须要避免的事，早上起床第一泡尿，血压会降低，一定要注意温差。

事后管家很自责，我很遗憾。分享此事不是责怪谁，而是想到他住院二十五天，医院那么认真，小甜点那么努力求生存，只因一个早已知道危险的小疏失，小甜点即走了。

今天，天又冷了，请注意温差，尤其老人、老狗。早上，特别危险。

这算是小甜点希望我告诉各位，可爱善良的他，留给大家的礼物。

二〇一七·十一·二十九

过去和小甜点形影不离，而且吃饭抢他的饭盒，有事没事即四脚朝天叫小甜点舔他肚子耍大牌的成吉思汗，近日行为古怪。

小甜点走的当天清晨，他瞪着大眼看我急救小甜点，看他动也不动吐舌头，成吉思汗一直盯着，始终没有离开。直到看到我用毛巾包裹小甜点，哼摇篮曲，然后哭着带着小甜点离家，前往火葬场。

八天过去了，我人在上海，助理传来信息：

成吉思汗状况：

1. 没精神，头垂低低走路；
2. 叫他没什么反应；
3. 不太愿意动，一直睡，感觉反应变迟缓；
4. 睡醒了也不起来，躺着睁着眼睛发呆；
5. 半夜不睡觉，起床一直走来走去的；
6. 走路摇晃。

整体精神状况跟反应都跟之前明显不同，

但食欲跟排泄喝水都还正常。

狗，是非常重情的动物。

思汗，妈妈明天工作完毕，会立即回家陪伴你。妈妈没有照顾好你的弟弟，对不起！

二〇一七・十一・二十九

我的孩子成吉思汗，在小甜点走后一周开始晚上不睡觉，十天后到台大动物医院，本来以为他是忧郁症，结果诊断居然是急性尿毒症，及初期胰脏炎。他本来有很严重的心脏病，目前已签署麻醉同意书。

医院直接宣告他病危。

我的孩子，一个从两个月开始在我身边长大，始终快乐，没有烦恼，十五年来每天守候厨房的孩子。

希望你不要害怕，妈妈在回家路上。你一定要等我，和最爱你的 Vicky！

二〇一七·十一·二十九

亲爱的成吉思汗，我在空中，刚刚起飞时，突然看到一道彩虹，好像在你身上发生的一切，可能出现一线希望。

不到两秒钟，云雾笼罩，我没有缥缈的感觉，只有害怕。

云雾越来越浓，然后我已在云顶之上，接着机长广播，乱流希望各位系紧安全带。我看了一下表，十一月二十九日下午五点四十分左右。亲爱的孩子，此刻你还好吗？

现在飞机平稳地飞行空中，室外温度零下四十三度，机舱屏幕显示我们正在穿越海峡，离到达台北约五十分钟。而我的心，低落到了极点。

飞机老旧，没有新式附载的 Wi-Fi。我没有你的任何消息，你的生死未卜。

我不知道抵达后，打开网络，我看到的答案是什么。我听到医师的慌张，两个星期前，她经过多次诊断，持续观察，才判定你的药物可以控制肾功能，心脏也是，每天打 50 毫升输液治疗即可。

这两周，天气忽冷忽热，我们先意外失去了小甜点，你的病来

得又急又猛。

医生要我决定，如果不麻醉放管子，明天上午不能立即洗肾，你的急性肾衰竭会恶化得非常快而且非常痛苦，加上胰脏发炎你会很疼痛。但是如果麻醉放管子，可能等不到我回家，也等不到洗肾，你早已恶化的心脏二尖瓣膜可能断裂，麻醉中即走了。

你已经十五岁，心脏病恶化已经两年，谢谢你一直辛苦坚强地追求快乐，追求你爱的。

如果你因为麻醉而离开，请原谅妈妈的决定。我没有一秒钟犹豫，即直接越洋要求助理代签同意书，因为你的两位哥哥姐姐都是尿毒走的。

哥哥 Miki 米其林是一只北京狗，我从纽约带着他飘洋过海回台湾。他约莫十八岁时，得了急性肾脏衰竭，走之前，他住院，吓得发抖，我到医院抱着他，他完全尿失禁。不忍心看到胆小的他在医院，我把他带回家，结果他痛苦得不停哀号。专心动物医院洪医师告诉我，尿毒症的狗，喉头如火在燃烧，非常痛苦。

我本来算了时辰，想留 Miki 到十点，但是目睹他的哀号，我提前拜托洪医师，让他安乐死。当时我做决定时，笃定呼吸平稳，等他真的打了一针，走了，我忍不住号啕大哭。

之后，我忧郁了许久。

姐姐 Baby Buddha 也是尿毒走的，二〇〇四年六月十日我从美国回来，一进门，抱起十九岁的姐姐，闻到熟悉难忘的尿毒味道，立即赶往台大动物医院急诊，之后我们在家用点滴、氧气，延续了她最后痛苦生命的两个月。

Baby Buddha 在二〇〇四年八月十日上午十时十分走了。她的医生也是今天医治成吉思汗的蔡函儒教授。

时间一分一秒过去，我离降落机场只剩约十五分钟。我本来想看电影，转移思念焦虑的痛苦。

最终，随着云朵，以及你生命中最困难的一分一秒，我写下这些文字。思汗，我与你同在，虽然妈妈现在没有在你的身边。

但此刻，此时，我全心地告诉你，我好爱你。

不要怕，孩子，不管你经历了什么，不要怕。接受它，接受生命的所有答案。

妈妈记得你曾经每一个笑容，永远不变的四脚朝天。

你，永远是快乐的代名词。

二〇一七·十一·二十九

成吉思汗度过麻醉风险，离开手术房，明天上午准备洗肾。

感谢上苍，感谢台大动物医院，感谢各位。

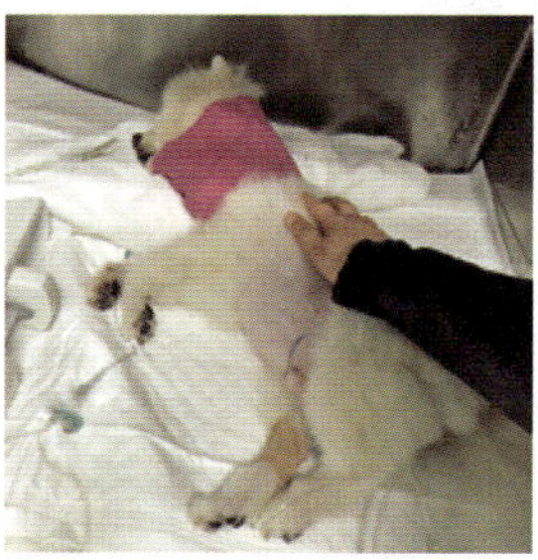

二〇一七·十一·二十九

终于放声大哭一场。

十天之内，两个小孩病危，一个走了，一个仍在奋战中。

我在想老天想考验我什么？

最后终于放声大哭，我想我该释放过去一个月来所有压在心中的痛苦。

明天还要去亚洲大学教课，晚上再回来看成吉思汗。

刚刚抱着南禅寺，求她陪我，谢谢她还在。

这个家，冷清了。

二〇一七・十二・一

亲爱的成吉思汗，今晚看到你，不敢相信你经历了什么。

也不敢相信是什么力量，使你一路支撑下来。

本来以为你昨天过了难关，今天上午可以开始洗肾。结果，下午医院告诉我，抽不到血，必须再动手术埋管。

于是今天下午，重度心脏病的你，又历经二次手术，再度过一个难关。

两次麻醉下来，你的血压变得非常低，医院用了升压剂，目前慢慢降药，已经比较稳定。

但在洗肾之前，即使打了点滴，你一整天尿毒指数仍然上升，而且诱发了初步胰脏炎、肠炎。

晚上六点，你终于开始洗肾，结果还是很不顺利，医生本来想放弃，打电话到台中告诉我，是否考虑放手，停止治疗。

结果只为了等我从亚洲大学赶回来，见你最后一面，于是台大动物医院洗肾团队再尝试，两位爱狗的教授一起救你，居然成功洗肾！直到夜间十一点，你的尿毒指数终于从 239 降到 158，明天再二度洗肾。

亲爱的孩子，你好勇敢，但同时我好心疼，你已不成形。

目前从颈部到心脏的血管发炎，胰脏发炎也恶化，妈妈从你的腹部呼吸看得出来你非常疼痛，即使麻醉药效仍然在，拉肚子时你仍痛至一直想晃动。

那种疼痛的挣扎，对一生一直被呵护疼爱的你，是什么意义？我看到洗肾后的你，心都快碎了。

孩子，你一生没有吃过苦。过去光剃个脚毛，或是抽血，打个疫苗，你已大呼小叫，哀号千里。

如今的你，是多么虚弱，居然可以忍受这么大的痛苦，没有哼一声？

今晚十一点，我看你已完全虚弱无力，除了呼吸沉重，大便也已恶臭。还好 Vicky 阿姨今天中午已经买好了血浆，支撑你的性命。

明天上午医院将再为你洗肾，如果可以控制急性尿毒、胰脏炎，妈妈会全力救你。

如果不行，我会做决定。因为在我的心目中，你始终忠于自己，不讨好任何人，爱美女，当然也爱便当。你的世界没有苦，没有痛，只有守在厨房，吃得不够。或是喜欢的人抱你，你永远都会来个小舔舔。

妈妈不知道周日还活跃乱走的你，为何两天之内，暴发如此严重的疾病？

我好谢谢你的勇敢及意志力。让所有爱你的人，至少可以有机会和你道别。

你这辈子都是最快乐、与世无争、每天吃喝玩乐的小孩。你永远是妈妈最可爱的小胖子。

妈妈不会让你再白白受苦。必要时，妈妈会帮你做决定。

妈妈不会让你受苦。而这么做，是我给你爱的另一种方式。

二〇一七·十二·一

送给洗肾中的成吉思汗·超越等待

额头顶着窗，玻璃好似不眠的愁旅
我已经超越了黑夜的天空
一块狭小的草原在我张开的手中
在那死气沉沉的天际
额头顶着窗，玻璃好似不眠的愁旅
我寻找你而超越等待
也超越我自己

——法国诗人艾吕雅

二〇一七·十二·四

南禅寺语录

学会溜冰的第一件事，就是学会跌倒。

人生如溜冰。无数次跌倒之后，当你对跌倒愈来愈学会接受时，你已慢慢地接近不惧怕了，行云流水，摔倒，笑笑，再站起来，继续划向下一个美好的段落。

这样的人，才是真正的勇者。

我的弟弟，成吉思汗，加油。

二〇一七·十二·四

二〇一七年十二月四日，上午五点五十分，我的小孩，我的心肝宝贝成吉思汗，终于脱离痛苦，停止心跳呼吸。

昨天我在台大动物医院从白天守候至下午七点，晚上拜托朋友送夜宵至医院给辛苦值班的医疗人员，这正是成吉思汗的心愿。他体贴，爱人，热爱食物。我们做的，都代表他的心意。

他突然走了，我们本来买好治疗他的昂贵血浆，决定用成吉思汗的名义送给台大动物医院，希望可以救助其他小动物生命。

谢谢你，成吉思汗，你给了我整整十六年的快乐。你是妈妈四十四岁时的生日礼物，这十六年关于你的回忆，都是欢乐、搞笑，厨房忠实侍卫长。

你十岁生日那年，妈妈为你买了一个生日蛋糕，你当然是狼吞虎咽。从那天起，乐极生悲，妈妈才告诉你，你老了，要开始减肥。

住进医院这五天，你受的苦，超过你的一生。你离开，妈妈舍不得，但也为你终于远离巨大的疼痛，感到平静。

孩子，我现在正在前往医院的路上，即将抵达。我将再度把你拥入怀里，带离苦痛之地，回到温暖的家。

成吉思汗，谢谢你，谢谢老天把如此可爱的孩子送到我的身边，我们永远爱你。

二〇一七·十二·四

我想把一首告别的诗
写得更动人
更成熟一些
我没有哭，始终没有掉泪
我只知道，在今天清晨
我的成吉思汗
已不再受苦
他已听不见
他已看不见
只有云彩
这个逼着我们一家分离的秋天
终于有了阳光
树叶枯黄
——如今只有我们

在难得金色的阳光下

我们两个，互相依存

——我抱着你仍留下微微的体温，假装做成最后一个家！

二〇一七·十二·五

插了一盆文心兰给离去的小甜点和成吉思汗，花就摆在两个宝贝今年七月刚拍摄的照片旁。

这是一张古董镜柜子，花放其上，有了倒影，好像时光会倒流。

那时谁也无法预视四个月后，这一家的改变。

倒影好像可爱的小甜点仍在微笑，而照片中的成吉思汗大汗模样，似乎正指责我：搞点吃的，这个算什么？我不需要唯美派象征，我要实际的，快上牛肉汤。

我该回“大汗，遵旨”吗？

二〇一七·十二·五

报告大汗，爱心分子牛肉汤完成，上菜了！

右图之一为某位救人无数的名医，正巧于奈良东大寺，听闻你离去，特别为你祈福烧香。

他拍下两只纸鹤，前面是平日大汗但到了医院就胆小发抖的你，后面是永远追随你的小甜点 Bakery。小甜点初期住院情况危急时，还靠这位大医师建议服用某种止痛药物，才顺利转院，最后回家。

这一切，盼望你们知道，许多人永远爱你们！勇敢地飞吧！我的孩子，成吉思汗，带着我们家的小可爱，如纸鹤一样，平安飞翔吧！

二〇一七·十二·五

人生一定免不了和挚爱分别，不管他是至亲、伴侣、毛孩子或是好友。尤其短时间，十四天之内，两个小孩相继离开，没有人会不痛。

我在外婆走后，第一回体会到什么叫锥心之痛，欲哭无泪……想哭，却有种莫名的潜意识压抑着你，不能哭，不会哭了。

昨晚告诉家人，如果我出什么声音，请他们不要介意，然后大声尖叫，把心中的痛楚，发泄一点！

今天上午收到 Judy Flower 送来心形的花朵，启念到士东市场买更多花，还有卤牛肉汤给我两个爱吃但一生无缘尝食牛肉汤的孩子：成吉思汗和小甜点。

以往家里每回炖煮牛肉汤，到了快起锅时，太香了，空气中弥漫的香味，会使成吉思汗抓狂，他会叫，或是哭，或是在厨房“坚守阵地”久久不离开……这是什么东西？我好喜欢这味道。妈妈，为什么我不能吃？

如今去了天堂，你们终于没有限制了。亲爱的孩子们，今天妈妈到菜市场买牛腱、洋葱、大白葱、马铃薯、胡萝卜、当季最好的萝卜，加上刚刚从麻省理工学院学会的分子料理，加入用半只鸡炖的汤。

一切已经发生，这大概就是生活吧！

生活本来就会不断考验你，只有想办法走出去，一点一滴度过，并且将伤心化为实际的作法，全力照顾我那更年老也生病中的宝贝南禅寺。

二〇一七·十二·六

“人生一半是对美好的追求，一半是对残缺的接纳。”

家里一下子冷清了许多，南禅寺和馒头决定假装互不相识。

但分别守住战略通道，这里是通向厨房的走道。任何动静，立即奔入。

二〇一七·十二·七

我的孩子成吉思汗一生直到最后住院，无忧无虑，他好吃，永远四脚朝天睡觉，唯一恐惧医院。

照片是他每三个月到台大动物医院检查抽血，躲在椅子底下，以为不会被发现，逃过一劫，开心的傻瓜照。

他有心脏逆流，但是到了医院，往往医生还没有抽血，不过碰到他的身体，即哭叫传三巷，再抽血，则快哭倒长城。

每次在检查室，医生都会说：给我一点面子，否则别人以为我在虐待你。当然他照常呼叫哭号到底。

他和小甜点在家形影不离，常常躺下来，勒令小甜点舔他的肚子，他的脚就会一直抖，爽呆了。吃饭时，他先狼吞虎咽吃完自己的饭，然后走到小甜点旁，屁股一挤，就吃起别人的东西。我们通常都得把他抱走，否则小甜点就惨了。

但是他对人痴情不已，几乎等同食物。美女 Vicky 是他的最爱，他总是跟前跟后，Vicky 要下班时，得趁着他睡着了，否则他会站在一楼门口哭一个小时。而我每回出门，他看到行李箱，就坐在里面，希望妈妈不要离家。

他这样可爱、大牌、有情、黏人，我们常常忘记他已老了，好像永远都是我的小 Baby。

走的最后五天前，我不在台湾，等我赶回来送他到医院时，已虚弱到无力哭叫。

那天他清晨五点三十分左右走的，医院告诉我他呼吸急促，喘个不停。孩子，当时的你害怕吗？

而我连抱着他安抚他的机会都没有。

孤单躺在冰冷的笼子里，身边没有他爱的人，成吉思汗，妈妈太舍不得，也对不起你。

你离开了，回到没有痛的世界，这是我唯一宽慰的事。我的心肝宝贝，衷心祝福你，记得在天堂好好照顾小甜点。

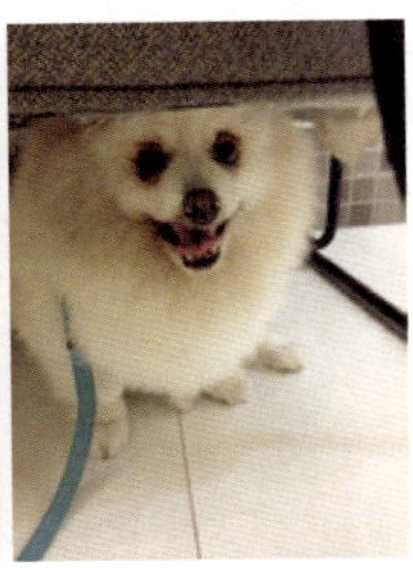

二〇一七·十二·八

为成吉思汗、小甜点煮麻油鸡鱼。

这个秘方是阳明山“云亭”餐厅老板教我的。一点点麻油，一点点酒，麻油鸡汤就不会太油腻，而加入龙虾或鱼，汤会更甜鲜，鱼也因麻油会比较嫩。

上菜时，南禅寺及馒头守在走廊，想要拦截：这么香，我们为什么没有份？

还好史先生去美容美发，不知好料正上场。

Judy Flowers 的红心花又来了，本来我是替成吉思汗送给 Vicky 的礼物，谢谢她宠爱思汗，守候一生。

可怜大美女至今仍经常痛哭，她说：花还是给他们比较好，带回自己家里，更触景伤情。

我的心肝宝贝们，姐姐弟弟现在对天堂的你们羡慕又祝福。他们目前的处境就和当年 Baby Buddha、Smokey、大哥大走掉时，成吉思汗天天守供桌，心境一样。

昨日节气是“大雪”，孩子们，你们刚刚学会在天上飞翔，要吃好保暖。

乖乖，我的宝贝。

二〇一七·十二·十一

“天堂不是我的家园，流泪心碎后，我希望你们重返我的身边。”

三个星期前的今天，住院二十五天，求生意志坚强的小甜点，好不容易回家十二天，突然因为气温骤降，晨起血压低昏倒，在家走了。

一个星期前的今天，也是清晨天未亮，我的心肝宝贝成吉思汗因为胰脏炎及急性尿毒，孤单地在医院走了。

今天朋友送花，黄色心形玫瑰。好像小甜点。

今年圣诞树，没有太多挂饰，加了一些灯，闪闪发亮时，每一个闪烁，都代表我的祈祷，盼天堂的孩子们，平安。不要哭泣。好好飞翔。

二〇一七·十二·十二

今日乃本大王成吉思汗仙化第八日。

为了向各位好好告别，本大王决定豪饮一杯美酒，吃个生前最爱的麦克鸡块，与我同名的汉堡（汗宝），外加过去七天的牛肉汤、麻油鸡、仙草鸡、鲑鱼烤饭团等仙味，化为千风，然后带着胆小的小甜点 Bakery，共同飞往闪烁的星空。

如果你们想念我，想象我们已经是某个星球的两朵花。

妈妈不要再伤心，美丽姐姐 Vicky 不要再哭泣，以后只要夜晚，你们仰望星空，那个漫天的繁星中照着你，特别闪亮的，就是我们正对你们眨眼，表达永恒的思念。

大王干杯！再见！后会有期！

P. S. 料理没好时，不要随便叫我下来。

二〇一七·十二·十五

二〇一一年跨年时我的好友，才女任祥及姚仁喜的建筑公司大元建筑，制作了一个特别的生命树分赠友人。

我一直保留至今。

有时候风吹，它会掉下一个叶片，上面写的可能是：梦想、宁静、Love……我往往会心一笑。

小甜点 Bakery 走后，我把他今年刚拍的可爱照片放在生命树旁边，掉落什么叶片，大概就是小甜点给我的留言吧。

成吉思汗生病急救第三天，叶片掉落，上面写着“智慧”。

今天晴天，我又开了窗，他们俩各自走了快一个月和两周。生命树上又掉下来新叶片，今天是“Lucky”。

这是奇缘吗?

当我正在书写着这些奇妙小事迹时，门铃突然响了，送东西的居然又是大元建设，居然是任祥。

二〇一八年任祥的礼物是个如罗盘般的手绣年轮。

生命本是个奇妙的轮回，他走了，风来了，我念了，新的年礼恰好抵达了。

多么珍贵的朋友，多么可爱的孩子。谢谢你们长达十六年的陪伴。

二〇一七·十二·十九

他仍被满满的爱包围。

人们可以不相信奇迹，但是某些事却如此巧合。又是星期一，小甜点离开四周，成吉思汗离开两周。两个小天使都在星期一，都在上午，都在曙光乍现的时刻，离开。

这个星期一，收到粉红色心形的玫瑰花，还有台大动物医院寄给小甜点的信。照顾他们的医疗团队，由李继忠教授领衔署名，抒文怀念小甜点的体贴，看到心爱家人时快乐如马达般驱动的尾巴，还有他想回家时可爱的任性。

我把这封信摆在怀念小甜点专属的桌上，刚好又是星期一，清晨，风吹，一旁的生命树奇异地掉下了“平静”及“Happy”两片叶子 。

是贴心的他，知道我正经历无比的痛苦，特别来安慰我吗?

是贴心的小甜点，要我平静、Happy ? 还是告诉我，他们已经很平静且 Happy ?

我知道“死亡”，就是什么都没有了。

但总还有伴随死亡的回忆、不舍、痛苦、留恋。一切不是那么容易一刀两断。在放下的路程中，我多么幸运，拥有如此的奇遇。一阵风，在小甜点的照片上，留下两片叶子，两句多么温暖的话。

再见了，我的孩子，今天起，妈妈只给你们打奶泡……不再有食物了，因为，我们都得往前走。

再见了，我的孩子，再多想念，我们可能永远不会再相遇。但是过去的十五年，你们曾经给我的幸福快乐，已使我的生命足够饱满。

再见了！再见！今年家里的圣诞树没有花，没有铃铛。你们转身的一刻，世界对我已黯淡无光。我用闪闪发亮白色的灯，送别你们。纪念我们相亲相爱这最后的一年……

二〇一七・十二・二十一

我的小孩们回家了。

感谢北投大地温泉饭店师傅特别制作的姜饼屋，贴心地给小甜点、成吉思汗一个可爱的新家。

大地饭店的董事长曾经在星巴克咖啡馆看到我带成吉思汗、小甜点、Smokey、大哥大，我喝着咖啡，他们舔奶泡。客人们多半清闲，笑着看我被几个孩子搞得手足无措。

感念所有这段时间，给我温暖的人。

在欢乐绽放的地方。

我们听见彼此的名字。

我亲爱的孩子，

和月亮一起翩翩起舞，

随星辰一起游玩吧。

我们相聚时的狂想、快乐、回忆，那么长，长到仿佛生生世世，

广到街道和小店都曾因你们而陶醉。

何必苦苦记得最后的痛苦悲伤，

把所有的欢乐回忆迭起、翻阅、串起，彼此永不遗忘。

二〇一七·十二·二十一

我一生总是钟情博美犬……

从美国到台湾，我共有六只博美或是类似的小狗。

这个影片是朋友知道我伤心难过，甚至到了心律不齐，传给我的疗愈影片。它应该是吉娃娃和博美狗的混合种。

长得完全像李敖大哥送我的“大哥大”。

可是偏偏他天生气管塌陷，必须控制体重。从约一岁起，我已急救他百次，家里也为他买了制氧机。然后他吸完了，换偶尔气喘发作的我吸一下。彼此躺地上，他身体贴着我的肚子，可爱无比。

二〇一三年我因为免疫系统攻击颅部，发烧近半年，台湾住院四十多天，在美国做两次手术。五月十日我刚刚从美国回来，时差还没有调整好，有一晚，他连续发病，没有人可以救他，他看到我回家，困难地走出他的小屋，虚弱移动，抱起他的人太用力，他当场心脏病发，我立即接过来，来不及了，他先睁大眼睛看着我，然后垂下来，躺在我的怀里，离开了。

这个影片中的小狗可爱模样，让我回忆起大哥大太多有趣的小故事：他偷吃比他还高的油条；他为了吃奶泡，克服出门的恐惧；他喜欢躲在自己的小房子里睡觉，四脚朝天；他不准小甜点经过他房子的门口，冲出来骂人，他的骂声却像鸟在叫；某次过年时，我煮年夜饭，把他放在围裙口袋中，他闻到佛跳墙的香味，又叫又嚷，差点没有跳进汤里。

唉！我天上所有的孩子们，妈妈现在要留下来照顾南禅寺、馒头、史特劳斯。如果你们在天堂能够找到彼此，一家好好团圆，你们已经是八斗星星了，相对仍在地上的我们，妈妈反而孤单了。

记得彼此照顾，记得帮我孝顺外婆。记得，你们曾经快乐的一生。

二〇一七・十二・二十二

成吉思汗走后，第一次整理花园。医院一直怀疑可能附近人家喷了农药，风吹到家中的草木。那天天气晴朗，他在花园绕行之后，当天下午即开始出现不舒服状况，晚上已经变成急性肾衰竭。

过去每年十二月，家中早已种植圣诞花。今天天气好，我把花园重新修整，种了一大排美好纯洁的白色圣诞。

毕竟这个家不能一直停留在悲伤。

两个小风车，代表我的孩子，用另一个方式，还在。

二〇一七·十二·二十二

这个家伙太夸张。

我两个年龄大的孩子一个一个走，只剩下国宝级元老南禅寺，目前已经十七岁。现在馒头九岁，史先生约三至四岁。

冬季来了，几次冷风飕飕，她小时候气喘的老毛病就发作，于是每天让她吸氧，早午晚各三次，但她待不到五分钟就抓狂。

篮子以前是小甜点专属，用保鲜膜封住两侧，氧气管置底，上面要打开，二氧化碳才能排放，小甜点以前总是乖乖听话在里面，舒服地睡着，如果醒来约十五分钟才抱他出来。

这个老太夫人南禅寺，有时候吼叫，今天干脆大抗争……

国宝总动员。

二〇一七·十二·二十三

史特劳斯语录

你不快乐的每一天都不是你的。
你只是虚度了它，
无论你怎么活，
只要不快乐，你等于没有生活过。
夕阳倒映在水塘，假如足以令你愉悦，
那么爱情，美酒，或者欢笑，
便也无足轻重。
幸福的人，是从微小的事物中，汲取快乐。
每一天都不要拒绝自然的馈赠。

——费尔南多·佩索阿

二〇一七·十二·二十四

特别的平安夜 Party。

过去写遗嘱时，总是特别挂念如果我突然走了，毛孩子们怎么办？于是总留下一笔钱，拜托朋友帮我照顾毛孩子们。其他除了一部分不动产留给家属，存款希望全部捐给公益。

结果每走一个孩子，就得红着眼睛改一次遗嘱。今天又改了一次，在平安夜时，一次删掉两个孩子。

换一个念头想：至少当他们老去，我仍在他们身旁，照顾陪伴他们到最后一分一秒。送走他们固然很痛，可是如果是我先走，留下他们，他们更可怜。

平安夜，听着耶诞音乐，帮我天堂的八个孩子办圣诞 Party。

我的家人在天上，已经比在地面上的多了。

而南禅寺，尤其馒头，闻着桌上香味，面容扭曲不解，犹如小时候的成吉思汗。每回有哥哥姐姐走，他就开始绕境大典，围绕餐桌不停转圈。

馒头两个眼睛已经看不见，走死守路线……一直待在餐桌旁。

两个小时之后，他们至少吃到了烤鸡胸白肉。南禅寺、馒头，快乐地笑了。

所以，平安是什么意思?

从另一个角度看，就是他们活着时，我好好照顾他们，他们离开时，我陪他们到最后。之后，永远在我的内心，都有一块属于他们的角落。

这一生，成吉思汗除了最后五天病痛，他一直是平安的。

二〇一七·十二·二十五

望弥撒时间开始。

在家阅读朋友赠送的书籍 *When Breath Becomes Air*，听着 *Ave Maria* 圣母颂。

深夜变天了，走进院子，剪下一朵白色茶花，放在一张英国维多利亚时期的木桌上。

白是纯净，是空，是宁静。

拾级而上，我沿阶梯看到曾经和成吉思汗相伴的玩具，小甜点走前每回陪他吸氧气的娃娃，现在蜡烛仍微光闪闪。

小甜点走后，粉丝为了避免相同悲剧送的热垫，后来成为南禅寺的最爱。

床头左侧是两个小娃娃，朋友特别挑选，希望安慰我的心。床右是以前 Baby Buddha 晚年瞎了以后睡的婴儿床，现在躺着我五个小孩的骨灰。把心爱的蓝色毛毯盖在上面，希望他们不要着凉，毛毯上枕头是成吉思汗的忠实盟友送的，除了颜色是黄色，像极了他的表情。

风声在山区又鹤唳起来了，隔壁待售房屋的芦苇荡漾，窗外冷飕飕，但这个屋子内却充满浓浓的温馨。

不只我还有三个可爱的孩子，即使看似失去的，仍有那么多美好的回忆，尤其他们十岁后，我刻意年年找专业摄影师赖岳忠替他们拍照留念……

虽然他们走了，仍留下玩具，留下记忆，留下故事。我可以慢慢地回想，回想第一次和成吉思汗见面的景象，他流着鼻涕，无邪地望着我，抱他回家后，每次拥抱，他总是出怪声，不停舔着我的脸……有一回赌上了，看他可以舔多久，居然二十分钟还不完，当然是我投降。依恋人的他，只要看到喜欢的人擦口红，就开始哭，因为不想她出门……

十五年的故事说不完。

弥撒音乐声中，我好似看到两个孩子，真的随风随音符飘舞，飞到他们的新国度。

尤其我的成吉思汗，别号胖子，风大一点吧！把成吉思汗、小甜点一起送到最美的星星相伴。

飞吧，我可爱的孩子……

二〇一七·十二·二十七

我的狗孩子，共抵达七只，还有一个在路上。

躺制氧气机的，正是以前 Bakery 每次吸氧的姿势。通常他会安静地躺一段时间后，突然发现我和馒头在吃白木耳，立即醒来，蹦蹦跳跳跑到我面前，我一定会拿一个日本浅碗盖，倒过来，加些水，让他大口大口喝。

其他小床上的六只，各有造型。变成博美兵团，又博爱又美丽。

在路上的，听说是黄色的，长得像二〇一三年五月十五日走掉的大哥大。

今天可爱的小花，天母 Maisson Villa 的老板，亲自送来两罐法国精油，放在成吉思汗和小甜点身旁。

这个家，过了一个伤心的十一、十二月。

新一年，把悲伤化成想念，年历翻过了，我得全力以赴照顾十七岁的南禅寺，和看不见的馒头。还有，从小受尽折磨，却没有任何痛苦记忆的史特劳斯。

哦！史先生今天绑了两个小辫子，好像呆瓜，可爱极了。

开始思考今年跨年，既然不出国，该在顶楼玩什么把戏！

烤肉流水席？

带着兵团看星星？远眺烟火？

手扒鸡派对？

二〇一七·十二·二十八

南禅寺语录

我们都不是聪明的人，只能简单而单纯地活着。我们身边总是太多聪明人，他们总告诉我们该做什么，不该做什么。

但是聪明人忘记了什么是乐趣，什么是朋友；忘记了什么是风，什么是阳光；忘记了什么是安宁，什么是喜乐。

只有傻瓜才看得见上帝。

——卡坡蒂《圣诞忆旧集》

为爱奔波

二〇一七·十二·三十

小甜点、成吉思汗相继走后，我没有掉一滴泪水。

我想哭，却哭不出来。不只他们，眼泪，也离开了我。

昨日至台中扫墓，在外婆外公桌前摆了红酒、茅台、粉红香槟、白兰地、台湾啤酒。还有我从世界各地买回来的礼物。小阿姨负责买花。

向外婆禀报，她又添了两个天上曾孙……今天回家，我和外婆之间说不出来的特殊联系，顿时使我心情平静许多。至少，我看到他们的照片，思念多于痛苦。

到了晚上，史特劳斯突然跳上床，咬了博美兵团中的其中一个玩偶，我忍不住对着他问：你为什么要咬我的小狗？我的小狗死得好可怜，你为什么还要咬他们？

接着放声大哭，哭了快半小时，不断向成吉思汗、小甜点道歉。

史先生吓坏了，没有见过这个场面，赶紧把嘴巴中的玩具吐出来，放下玩偶，跑至楼下躲在墙角。

是的，一个多月了，我该释放情绪了。

但也吓坏了无辜的史先生。

哭完，擦干眼泪，把他叫上来，给了他一个玩具背包，抱抱他。乖巧的史先生，背着玩具，先确定一下 OK，然后在我书桌旁的沙发上，安静地呼呼大睡。

二〇一八·一·五

今天成吉思汗走了一个月……

不知道哪来的好心人还是冒失鬼，可能知道我一直处在沮丧情绪里，今天我正好在亚洲大学讲座，于是特别跑到她原来毕业的亚洲大学外文系，带了两只狗，一个小成吉思汗，一个小馒头，交给助教，并且告诉他们和我说好了，我已经同意，然后走人，留下的电话却是空号。

起初我本来想让他们先在台中亚洲大学动物医院住一周，想想是否要带回家，但是他们说如果我不带走，他们只好留在亚洲大学动物实验室，或是送到专门照顾流浪狗的动物医院。

我于心不忍，生怕才不到三个月的他们感染病毒，下午上课前先买了奶泡，小馒头吃得如疯狂中奖。

到了傍晚，亚大仍然找不到送来的人，于是我把它当成天意，晚上带着他们去台中“好狗命”买衣服、饲料、雨衣、咬牙木头棒、牙刷，然后央请朋友带我们坐车回台北。

一个小思汗，新名叫忽必烈；一个小馒头，就叫忽冷忽热，统称忽忽集团。

他们有时互相亲吻，想来忽必烈应该是和忽冷忽热一起长大的。有时候从浴室打到客厅，夜晚在花园散步，一直惹南禅寺，和她抢床。南婆子警告声四起。馒头更气，他看不到，但知道有“人”入侵……史先生一直被我抓着，好奇地看着两个新玩具，不知史先生心中藏着什么感觉？

前天才下决心，绝不养狗，因为我太忙，不是好妈妈。太常出国，没有实时救成吉思汗，自责万分。

但，这一切，就是缘份。

二〇一八·一·五

昨晚又接到胡德夫透过经纪人电话告知：胡德夫的母狗是西施及马尔济斯混血，生了一窝小狗，一个生下来走了，其中一个小娃娃要送我，叫我不要再伤心了。

这位歌神，我们已经相识近四十年，我再怎么爱他，也必须“匆匆”尖叫，立即回应：千万不要！

只能谢谢所有人对我的关爱。我伤心太久，打扰了关心我的人，实在不应该。既然是缘分、心意，我会好好照顾新来的忽必烈和忽冷忽热，希望我们彼此相伴到我八十岁！这样想，眼眶有点湿湿的。

至于家中战情报告：今天上午忽忽向馒头党主席朝拜，结果馒头党主席不领情，被馒头吼了一顿。院子里小便时，忽必烈手脚灵活跳过南禅寺的尾巴，（南禅寺十七年前也曾对我的老北京狗Micky做过相同的事，哈！）南禅寺怒不可遏，只有史先生可能心肠最好，远远看着他们，但没有好奇，或者尚未愤怒。

两个新孩子可能以前都关笼子里，突获自由太兴奋，昨晚闹了一整夜没有睡觉，直到清晨四点。

今天上午八点吃饭，忽必烈则继承了成吉思汗的传说，吃饲料如吸尘器。

上午再泡奶泡给小甜点和成吉思汗时，告诉他们已经上天堂一个月，希望他们彼此扶持，不要害怕，盼望小天使们已经找到我的外婆，另一种团圆。

昨晚忽必烈在宠物饲料店里找食物的模样。

二〇一八・一・五

馒头是全家对于新成员忽忽集团最不安的孩子。

理由之一：他看不见，他不知道这些怪物是什么？

理由之二：近六年来，每日上午上三楼找妈妈，已经是馒头的特别行程。哪怕我不在，他往往也守在楼梯口。即使后来他眼睛全瞎了，依旧如此，其深情其厚意，我和他都永志不忘。

理由之三：由于新成员必须两周后才能打预防针，因此必须和其他原住狗隔离。一楼太冷，只有史先生可以适应。二楼是南禅寺和大家吃饭的生活空间。馒头的地盘三楼，只好暂时征收，让给忽忽集团。

这对馒头情何以堪，等于心碎了。

但他终究是个快乐的孩子，本来气得中午罢吃水梨，下午开始思考何必跟自己过不去，于是有了仙人妙记，想出来之后，表情得意万分。

他也搞了印太战略，拉了一带一路，哦，不！是一史一南，共同组成馒南史防线。

在全家最关乎生命的厨房，史先生守护入口，馒头、南禅寺捐弃前嫌，合纵连横三“人”行，阻挡忽忽集团入侵。

成功达阵后，馒头得意地笑了，并且聪明地把他的宿敌南禅寺供为精神领袖。

二〇一八·一·七

今晚录像结束，准备打地铺，和忽忽集团博感情。正如过去每只小狗刚来我家的时候，还没有训练好他们大小便，要他们听话，这是我向来最快的方法。

结果两个忽忽，简直忽悠我，我一把年纪，躺地上本不容易，他们却把我的睡垫当擂台打架。等灯一关，又全部跑到自己喜欢的角落，例如柜子、椅子底下睡觉，没有人要理我。

帮他们买的床，也看不上。小甜点留下的床，乱抓一通，还是挑选了全屋最昂贵的佛罗伦萨老木柜底下，等我一关灯即躲其下，呼呼大睡。

好吧！算忽必烈有眼光。

而事到如今，我老太婆也不必再克尽母职，索性回床上安稳睡觉。

不过一关灯，他们从疯狂擂台主立即睡着的情节，让我想起二十六岁时养老佛爷（Baby Buddha）的往事。当时的她，每晚好像滚雪球，跑来跑去，等我一关灯，不到一分钟，她已睡着，而且四脚朝天。

那可是三十四年前的往事了，当时的我，那么年轻，Baby Buddha只有巴掌大。对未来我充满憧憬，相信这个世界会从历史中不断成长。

当然之后的人生，我一步一步失望了，而Baby活了十九岁快二十岁，标准狗瑞，她在我四十五岁时走的。那个日期如此鲜明，二〇〇四年八月十日，上午十点十分……在我的怀里伸出舌头，断了气。

我哭了很久，她不只是我的孩子，她是我的知己，陪伴我的青春岁月，也是目睹我从憧憬到失落的见证者。

她走的那一年，我老了许多。

半年后，我决定和过往的事一一斩断，于是开始《文茜的世界周报》主持及制作工作。

她走了以后，我终于理解自己的渺小，能力的有限。我的偶像不再是亚历山大大帝和丘吉尔，而是啄木鸟。我想当一只啄木鸟，在一个角落持续努力……

她的离去，使我如失去了翅膀，我不再相信或是错觉自己可以飞翔。但是我改变了人生观，比过去更相信脚踏实地，也要求自己做到。

三十四年了，虽然忽忽集团不是我挑选的狗，却奇迹般地勾起了我的往日情怀。

欢迎，我的两个新小孩，忽冷忽热和忽必烈。

我会好好爱你们，这次是我们彼此相伴到终老。

二〇一八·一·七

点上煤油暖炉，烧壶水，馒头坐我腿上，母子取暖。

今天寒雨，刚好不出门。这一家来了忽忽集团，馒头的心情悠悠之间，有种悲伤。他的三楼被占领了，因为没有打预防针的小狗必须隔离。但他不明白，这几年他执着了那么久，怎么突然之间，改变了。

谁是闯入者？与其追究，不如给他更多陪伴。外面的天气愈来愈冷，炉子里的火愈烧愈旺，我告诉馒头，小时候没有暖气，大家就是这么过的。

水滚了，馒头的身上暖暖的，笑容灿烂。这个世界不怕外面冷了，就怕人的心冷了。

二〇一八·一·十一

请记住，快乐的人，不是没有痛苦，而是不被痛苦所左右。

——忽忽集团深夜疯狗秀

二〇一八・一・十六

这堂课，看起来将是我终生难忘的冬季之痛。

成吉思汗走后一个月又八天，小甜点走后一个月又二十二天，接着是南禅寺。

收起痛苦、逃避，我心里已经做了准备，告诉自己：南禅寺或许不会活过这个星期。

我也明白，纵使她度过这一关，那一刻总会而且不会太久就会到来。毕竟她已经十七岁了，而且慢性重病超过三年了。

从脆弱中，我慢慢地觉醒，毛孩子的寿命本来比我们短，固然密集的失去，是彻心之痛，但是我愿意冷静、平静地接受一切答案。

我能做的，就是取消所有能够取消的行程，陪伴南禅寺，减少她的痛苦，多给她安慰。昨晚甚至偷偷趁着天气好，拔了针，从医院偷溜，带她坐车兜风。

她两个眼睛圆圆的，看着我，好似想告诉我什么。“妈妈，我好痛，帮助我！”或者“妈妈，我不想再撑了！”接着即使在她最快乐的搭车旅程中，她仍然哭泣，哀号。我知道她一定有什么地方，正在疼痛着。

回到医院，刚巧苏璧伶教授在，她亲自为她换针，才发现她全身血管已严重过敏，立即打类固醇，然后南禅寺才大喝水，有能力站起来，接着尿崩。

我问医师，我是否该放手？医师回：她是个生命斗士，目前所有的指数都比上周六好转，给她机会。

于是，我决定一切顺其自然。

最重要的是，我要让南禅寺知道，从遇见我的第一天到最后一天，她都在我们全家对她满满的爱之中。

生命有诞生，有死亡。但爱的回忆，是永恒的。

我们之间的爱，不是咆哮的海，它是温柔的波浪。此刻大地和天空还拥抱着我们。

亲爱的孩子，静静地睡吧，正如当年你到我家小小的模样，在久久的啼哭后，安息于爱的摇篮之中。

二〇一八・一・十九

南董事长医院遛车

一月十八日下午六点二十一分，南禅寺突然休克，我刚好在台大动物医院大门口，用最快的脚步冲进病房，以我自小急救她的方式，把她救回来。急救醒来后，她焦躁不安。深夜十点，我不管之前发生了什么，经由医师同意，带她坐车，逛遛车河十五分钟。这是她一生的守候。车子发动不到两分钟，她已平静地深沉入睡。

夜间两点，我才刚刚回家，吃了安眠药，立即接到电话，南禅寺可能钾离子含量不足，癫痫又发作，医院正在急救，但她没有休克，我立即下山……她听见我的脚步声，开始大哭，我跑过去抱起了她，一边唱歌，一边安慰她，“我们很快就会再坐车，宝贝，不要哭。”于是在我的怀里，她打了镇静剂，开始休息。

事实上，两度经过鬼门关又回来的南禅寺，今天收到一个特殊礼物。

住院一周了，她毛发混乱掉落，但看见有了礼物后，眼中出现仿佛得救的眼神。

这好比旅行者在迷路的森林阴影中，看见了溪流清水。

送礼物的 Ella 姐姐说：“我的小宝贝，你的心儿虽然仍有疼痛驻停，但在你一生甜蜜的回忆中，即使现在你仍然可以驰骋沙场。”

孩子，我看见了你病痛住院后第一次喜出望外地欢喜，胜过淘金者发现灿灿黄金的欢愉。

隔壁病房问：“她凭什么技艺，才能赢得这不朽的奖品？”

因为她，南禅寺，一直是一个真诚的姑娘，她如此勇敢坚强奋战疾病三年又四个月，如此勇士，我们怎能不奖赏她？

二〇一八・一・二十三

最好的一二三自由日。

南禅寺终于度过病危阶段，可以晚上请假回家，明天上午十时再回医院“上班”治疗。

过去十一天，台大动物医院日以继夜照顾她，尤其苏璧伶教授几乎都没有睡好觉，清晨七点起来给医嘱，每日下午、深夜来看她。

事实上她六天前曾经休克，停止呼吸五分钟，我到场时包括苏教授在内至少八个人合力急救她，把她从鬼门关拉回来。半夜两点癫痫发作，台大团队及苏教授又是立即处理，害怕她又休克。

我曾经询问苏医师，是否该放手，她说到了时间，她会告诉我，不会让南禅寺痛苦。

今天晚上十一点二十五分，南禅寺终于回家。起初她不敢置信，然后快乐地巡逻，看到馒头抢食她的鸡肉，她虽然没有胃口，还是把鼻子凑上去，瞪他一眼。

史先生及馒头对于南老大回家，都非常高兴。倒是忽忽集团，因为预防针治疗还没有全部打完，立即被遣送回三楼。

历经小甜点、成吉思汗的离去，我只尽力，不强求结果，没有想到她可以在病危中，一路输血、打血浆、尿崩……然后还算安稳地回家。

我永远感念过去十一天所有用不同方式帮助她的人，包括送她跑车的 Ella 姐姐，尤其我的工作同事们的辛苦照顾。

今天她回家，先试我昨天特别为她准备的新床，似乎相当满意，且立即睡枕头。

半夜十二点，吃了夜宵台湾鲷鱼饭，10 毫升低脂牛奶，一些水，撒了一大泡尿，在家走一大圈后，开心地躺新枕头上，快乐地睡着了。

这个新床，是我为她改造的“氧气圣所”。过去所有帮助她的，都是她的恩人。

二〇一八·一·二十六

我的偶像：短尾白的家

请相信这个温暖的家。

这里虽然很小，但是单纯又天真，

它是我一生最好的归宿，

也是你们的毛小孩无助时，最好的照料之地。

即使有一天真的不得不离开，

我只会坚定地对我的老友道一声“再见”，

我已了无遗憾。

因为在这里，

我体会到人们对我无所求、无保留的纯真之爱。

人们说这世上已没有真情，

山盟海誓也一文不名，

如果你也这样感觉，

请到我幸福的小家居，

我一点也不这么认为。
你不必同情我，也无须担心我。
我记忆中在这里的每一天，
都是温暖，都是真情。
当然，这个家来来去去的狗，
没有一个愿意和我山盟海誓，
他们大多已经享有很多爱和自由，
所以害怕成为我的邻居。
但我的家并非遥远的异域，
你其实不必恐惧，
这里偶尔有妩媚医生，
娇美小姑娘、帅气造型男，
看看我，始终在这里如何被呵护被珍藏，
哦！我必须坦承，
最早我也曾萌生对某个过客璀璨的爱情幻想，
后来我逐渐明白，他们都会离开，
他们只是过客，这里不是他们的家。
于是我不再执着，
决定把冰箱中的食物，
当成我今生今世，
唯一的北斗七星。

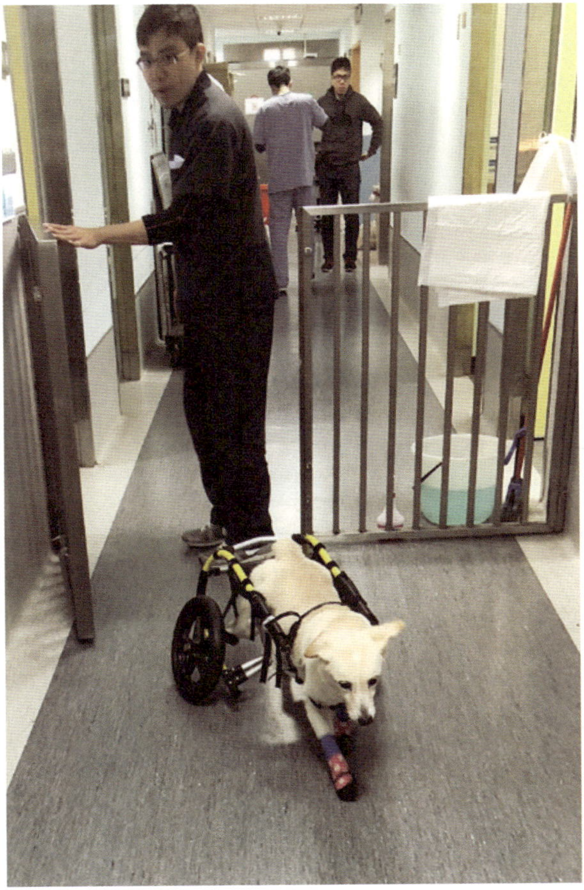

二〇一八·一·三十

我们都知道她的生命在倒数。

这样就必须流泪吗？当你剩余的日子不多时，你更要让自己快乐。没有人可以战胜死亡，但你可以克服它带给你的恐惧和悲伤。

所以抱歉，死神，我知道你会来，但，对不起，我们和她、她的医师，暂时不想理你。我们珍惜所有的一分一秒，不只是现在，不只是仅余不多的未来，还包括她曾制造的笑话、永远爱坐车的执着，那些点点滴滴的过去。

今天上午针灸扎了十多针后，她的疼痛减少，于是乭命斗士南禅寺，在动物医院参加了 F1 超跑。女神！

二〇一八·二·二

你要知道，比美好更美好的事是：你本来在等待死亡，却仍有美好的事情一一发生。

一个想祝福我的朋友，
送来有根无土的兰花。

南禅寺每天晚上从医院请假回家，
史先生忠诚守候。

二〇一八·二·三

南禅寺一月十二日住院后，一恍神，一个月过去了。其间最痛苦的时候，她曾哭叫，现在她渐渐地习惯静脉注射，偶尔针歪时她会委屈地微微哭一小声。拆针后，她会恢复南霸天派头，大摇大摆，在台大动物医院巡房，顺便巡视其他的动物，奇怪的是，她经常有意无意地特别走到成吉思汗最后离开的病房。

而再过一天，成吉思汗就走了两个月。我买了一个大巧克力礼盒送给他，盼望我的心肝宝贝在天堂吃到此生他一直不了解，他的妈妈经常抱着不放，绝不分食他的神秘巧克力是什么。

比起小甜点、成吉思汗，南禅寺给了我更多时间，体会“拥有多么珍贵”，并准备“失去必然会发生”。

她的每一天都不容易，疲惫、痛苦、偶尔休克、没完没了的点滴……

其实将来有一天我们老了也会这样。她的衰老，比我早离去，本来就是天注定。她只是用一种最孝顺、温柔的方式，提醒我，生命多么无价。你病痛地熬过一天，也是一天；你任意挥霍的一天，

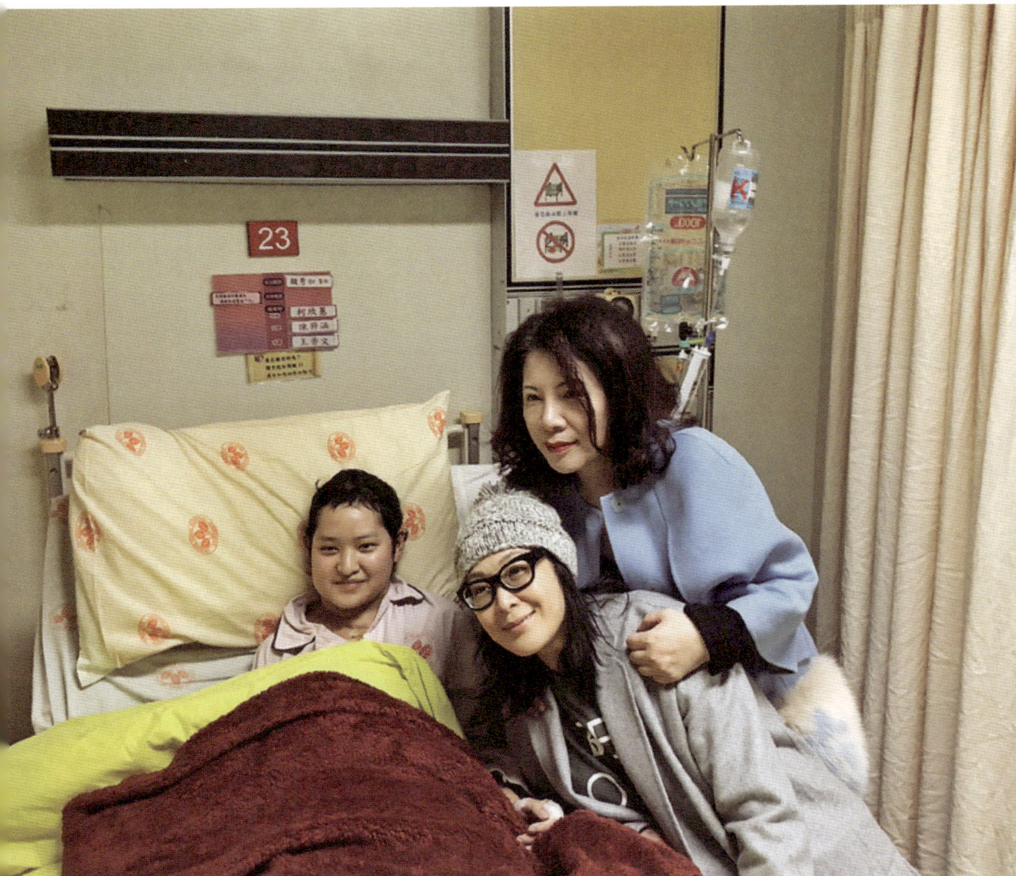
23

也是一天。

小的时候，毛孩子是我们的玩伴，情感互相依赖。等他们老了，他们用虚弱、疼痛、不舍告诉我们，重新想一下，生命中什么对你是重要的？什么是毫无意义的？

我近期偶尔看到一些台湾新闻，实在不得不摇头。

我对人在权力及舞台上展露的卑微，很感叹。原来欲望可以使一个本来很有能力的人，变得如此饥不择食，而且非常愚笨。

渴望成功，真是人性最大的诅咒。

当我们老了，头发全白了，我们还会在乎这些吗？闭上眼睛，道别世界时，我们又能带走什么？

就在南禅寺住院二十天后，我收到一个父亲的信息：他罹患罕见骨癌的小天使孩子在一月二十八日走了。

二〇一六年六月我在荣总探访她时已经化疗，准备开刀，接着爸爸私信我：复原得不错。我写了一小段话：“她以生命的搏动，教会我们大家学会生命中所有的点点滴滴，都该感恩。谢谢她，也心疼你们一家的苦。”

最近我知道小天使病情急转直下……以为旧历新年前拜访儿童癌症病房时，还可以见到她，至少送她一个特别的礼物，但她先走了一步。

这段时间的经历教会我一些事：没有什么事情需要等，没有任何生命你可以一直留得住，你唯一能做到的是：珍惜分分秒秒。

别挥霍生命。

别为了一时无聊的欲望，让自己的生命过得如此不值。

二〇一八·二·十四

南禅寺·情人节

动物医院，是生命百态的学习之地。

南禅寺从一月十二日病危至今，整整一个月又两天。

当时抱着她急冲台大动物医院，我的心有着刀割般的疼痛，只是靠着一股莫名的毅力，冷静地面对一切。

回想起来，那一夜好像世界末日。

进了医院，是的，我的孩子病危，陪伴了我十七年的疯婆子，虚弱得不能动了。而我才刚刚莫名走掉两个小孩。

我，必须承受，但又如何承受这一切？

一个月过了，我问自己：如果把“我”这个字拿掉呢？

这里有流浪半生，瘫痪十一年的短尾白，这里有因为脊椎受伤被主人弃养的“碧霞”，这里有主人自己病危，儿女不见得愿意继续承担责任的可爱的马尔济斯……他们像众生百态，像托尔斯泰所说的：“每个不幸的家庭，各有不同的故事。每个幸福的家庭，故事反而千篇一律。”

如果把“我”拿掉，南禅寺可能是全医院里最幸福的孩子。她有病痛，但她换算成人的年龄，也是“太夫人”地位级别。只是她乌溜溜的眼珠，一脸无辜模样，我们总把她永远当成是小宝贝。

如果把“我”拿掉，在众生中，她没有烦恼，对她只有嫉妒。她不必工作，没有金钱压力，没有社会包袱，她已经是自己生命中的“老大”，活在自得其乐的世界，休管他人的眼光，也不必向任何人交代：她为什么那么爱坐车。

兜风就是她的爱情，不需什么修行，她的欲望来到我们家，适才适所。而她只争当下：对不起，当下小姐要搭车。

所以如果把“我”拿掉，众生之中，她幸福无比，一部分是我给的，一部分更是她自己给的。因为她的欲望很简单。

过去三十二天，我没有一天离开她。病危输血期间约半个月后，每日晚上请假接她回家，上午送她回住院。来来去去之间，我感激她忍着疼痛，一关又过了一关，前脚血管都是针孔。但她忍下来，熬过去，谢谢她让我有机会为她奔走，为她劳累，尤其让我在医院认识了她的同伴，看到了更多众生。

如果把“我”拿掉，我们的苦，比起别的狗面对的生命挑战，不足为苦。

现在每日晚上，我会为南禅寺准备三个便当。一份鸡肉泥，一份鱼泥，一份牛肉泥。

我几乎每日到市场想办法买油少的菲力牛排，一天往往只买

吉祥如意

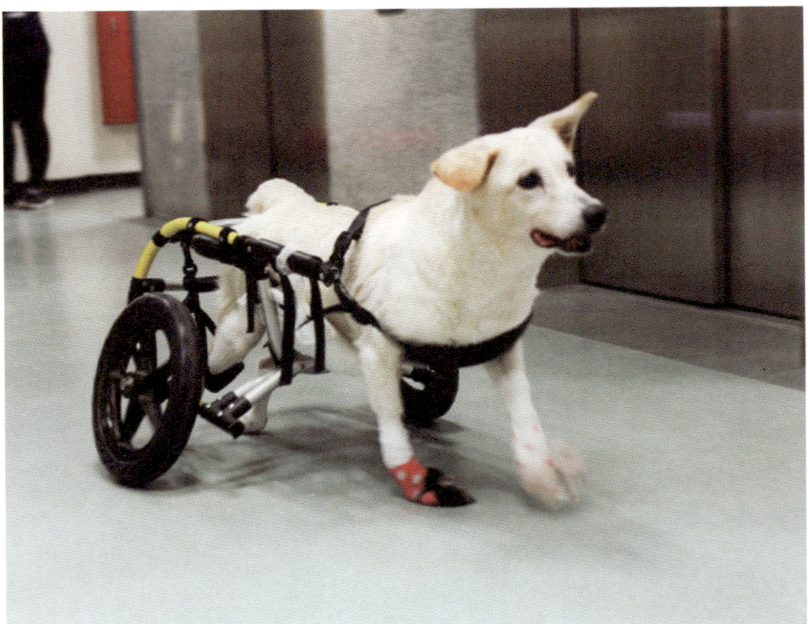

得到二至三块。因为没有油花的牛排，一般人吃了不入口，市场上不多。

但每天晚上我都多打一些，鸡肉多的，给瘫痪的短尾白；牛肉多的，给脊椎受伤的碧霞。当我每天绞尽脑汁想要取悦南禅寺的食欲时，另外两个苦命孩子，却开心地等待南禅寺剩余的便当。

在动物医院，有些狗好些了，便哭闹着要回家，只有短尾白，认命开心地守着自己的小窝：只要有得吃，嘿嘿，她即快乐无比！

春节到了，我帮短尾白订了她平生第一份年菜，还在她的小窝贴上春联。

三十二天了，南女士不只渐渐适应这里的日子，还“爱上了”短尾白。

一个公主，一个乞丐王子，她是佩服他的勇气，还是……

情人节这一天，我好奇这样的狗童话故事，会有什么结局？

为南禅寺送短尾白情诗一首：

黑夜，带着你的食物梦

在星辰静静的燃烧中到来。

白天，我微笑着从你的身边走过

这里没有家中狂热的玫瑰，让我几乎难以呼吸。

如今我思念着梦幻般的二月，

思念着你，这是我的爱情告白。

我想在你的身边，

为你燃烧上千年的梦幻食物。

如果约会不是幽会，

在医院里我们就把药水当成畅饮吧！

干杯之后

我们的选择不是手牵手

一起回家，

而是继续在这有点寂寞又有点温馨的地方

相互陪伴。

亲爱的新老情人，我们虽然都老了

难道就不能爱了吗？

这春意已浓浓了

阳光洒在

情人节的白天

太阳就是祝福我们的大烛光

我们一起走过

老、病，及偷来的欢愉。

瞧！那些街上走过的年轻情侣

为了点小事气呼呼的脸庞

他们手中

还佯装拿着鲜艳的玫瑰花

多蠢啊！

就让我在这

午夜的大街上

为你献上一块上好的肉吧！

今夜你是我最好的情人。

再唱首老情歌吧

尽管我们才刚刚相遇

妈妈说

患难中的爱情最真实

尽管我的生命剩余得不多

但请接受我永难忘怀的爱：

请相信，它一定比玫瑰晚凋零。

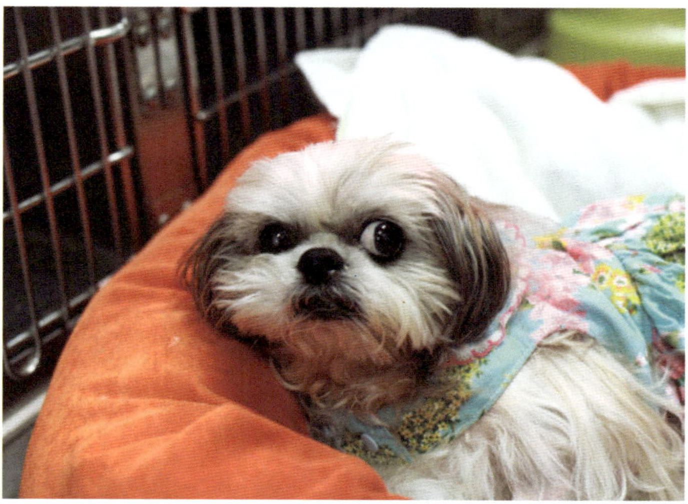

二〇一八·二·十五

平昌冬奥会延长赛：台大动物医院篇

南禅寺打点滴开超跑，和台大动物医院院狗短尾白后脚瘫痪装轮椅，短跑比赛！

比赛结果：金牌得主，今晚除夕有“牛排”。

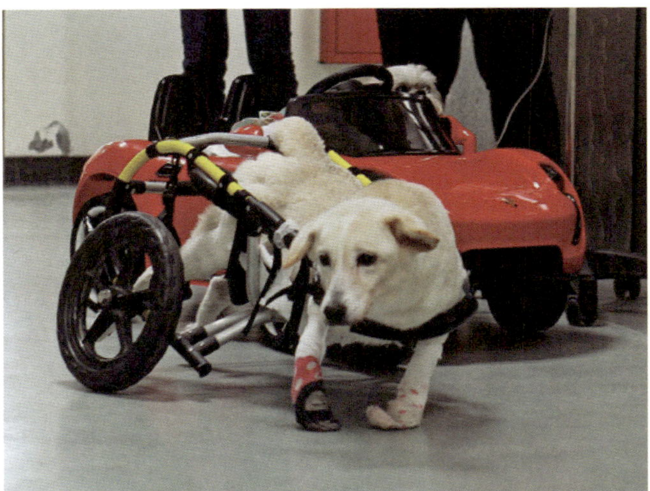

二〇一八·二·十六

珍惜篇·这一年

自去年起，我突然间明白年夜饭是要和家人团聚的，不是供我趁机到各地玩耍的。

是预感吗？去年第一回狗围炉，那时孩子虽然陆续走了几个，家丁还算旺盛，加上 Nicokidwoman 回娘家，好不热闹。

去年，南禅寺虽然已经生病两年多，但尚未走到致命肾衰竭；馒头一只眼睛已看不到，但还没有全瞎。围炉时，馒头几回爬到桌上，毫无教养。

而小甜点看了着急，怕馒头吃光所有食物，乱动一通，刚巧遇到了一个买椅子只管美观不在乎实用的妈妈，立即摔倒地上，还好没有受伤。

成吉思汗大汗亲征，他才不屑爬到桌上，也没什么好着急，就仰天长啸叫骂粗话：我的饭？我的肉？拿下！

当时的场景，如今仍历历在目。

一年了，我并没有一切转成空的遗憾。遗憾，是人生最不必要的情绪之一。因为它真的于事无补，挽回不了什么。

今年小甜点走了，成吉思汗跟着走了，南禅寺除夕日象征性回家一下，接着下午五点便回医院静脉注射治疗。

她的围炉菜是点滴配牛肉泥、台湾鲷鱼、鸡肉泥。与平日不同，她今天的牛肉泥和打的是上等日本青森苹果。

我没有遗憾，只特别觉得珍惜。珍惜去年那一刻，更珍惜今天南禅寺短暂的回家。我心里非常明白，这是她最后一次参加围炉，也是她可以陪伴我的最后一次。我不必哭泣，我充满了感激。感谢台大动物医院，尤其苏璧伶教授。

人所以会强调“当下”，“珍惜当下”不停地被提起，往往是失去以后的明白。明白了曾经的那一刻，多么珍贵。所以当人提起当下二字时，往往当下已经过去。

我非常感谢去年的决定，实时认知我的孩子最需要的是妈妈的陪伴。实时和成吉思汗、小甜点，人生好好最后“干一杯”（牛奶奶泡）。

今年围炉当然冷清些，成员还少了 Nicokidwoman，她的妈妈怕我们因为南禅寺太忙，没有让她回家。至于新加入的忽忽集团，两个傻仔，还搞不清楚餐桌上是什么状况，椅子这样高，坐这里代表罚站吗？还是赏赐？

精明伶俐的忽必烈，一直往后靠。一头怪毛的忽冷忽热，名符其实，既闻到浓浓香味，又搞不清楚这和他的关系是什么？

至于那位高大傻的史特劳斯，则滴了满桌口水。馒头，看不见，也上不了桌。

小吃美食之后，终于晚上六点半准时开放全餐。那一刻，大伙一字排开，我们家突然成了和谐号，大伙埋头苦干，再也没有打扰彼此。

二〇一八·二·十七

他们说：院子是杯酒，方寸解忧愁。

南禅寺从医院请假回家巡视花园，顺便看了鱼一眼。对于她不在家的这个月，家中其他弟弟，特别是忽忽集团，把平整的细石踩成乱石，颇有微词。

二〇一八·二·二十

南禅寺生命三十：Part 1

亲爱的，夜虽已逐渐过去，你的病情慢慢稳定，但我们都知道它没有痊愈的一天。那是上天的怜悯，也是你以勇敢的斗志，赐予我的礼物。

不久的将来，有一天我仍会失去你，而且我将是那个避免你疼痛，做决定让你结束生命的人。

关于你的点点滴滴，在我的梦中将永远永远会萦回，直到我也走了。

如今我想为你做一件事：如果你的寿命不到五十天，如果你还可以慢慢走路享受一点快乐的日子不到三十天，我该为你做什么？

我决定帮你列一张生命三十的清单。

未来的每一天，对你对我都非常宝贵，我不会离家，我会一直陪着你直到你真的离开。

在此之前我想带你自己开车，在花博公园，在小区。

终于熬过了，也等到了春天，你可以开着小车车，在樱花盛开、杜鹃绽放时，随着春天徐徐的微风，享受飙车的乐趣。

我们还可以去海边，你曾经喜欢沙滩，我还因此怀疑你是否上辈子是水手。每回我们到金山海岸的白色葙子店，你都会迫不及待也站起来，扬头吹海风。现在你可能会没有力气，但妈妈会用手撑起你。我亲爱的宝贝，海那么辽阔，那么无边无尽，海浪如此不吝惜地拍打，定时向我们打招呼，这就像我们彼此的感情，不论发生什么，它都不会终止。

我还有一个计划。带你去一间竹子湖小屋。那里有夜景，有地

热，你不会感到寒冷疼痛，我们生火，你坐火炉旁，享受说不出的暖意。那一夜，我将把所有你可以吃的食物烤成香喷喷的串烧，然后和你互干奶泡一杯。谢谢你才一个月即因缘到了我家，至今十七年，这十七年我们彼此永恒不变地相依相伴。尤其在成吉思汗、小甜点走后，你给了我那么大的力量和启发，超越也放下他们离开后的痛苦。

孩子，你从来没有去过我的故乡台中，我想在你一稳定之后，带你走一趟。去妈妈为你们准备的新家，去见抚养我长大的外婆。如果这一生你是快乐的，那是因为我把外婆教养我的方法，教养你。所以这一生，你活得无拘无束。

去台中，另一个原因是去年冬天台北太冷，当时天真的我以为天气冷了，你们年纪大了，都该去温暖干燥的地方，结果房子刚刚才可以住人，今年冬天，小甜点、成吉思汗皆相继走了，你很快地病危，必须住院，而且当时情况危急。但台中的家是一个为你们和逐渐年迈的我，共同准备的“冬宫”，妈妈希望你可以到台中，在那里，快乐地过一天，吃美食……只要一天。

二〇一八・二・二十一

南禅寺生命三十：Part 2

我在倾听，倾听你最后的生命步调。

我在失去你的痛中，决定用欢乐来冲淡那一天的到来，那个必然的刺心之苦，我不逃避，我知道，也接受。

如同一口秘密的井，我不知道井下还有多少水，我们还有多少日子，可是我不愿意在这最后的日子，你看到的我只是沉浸在悲伤里。因为这一生，你是如此快乐！别让眼泪改变了《欢乐颂》的曲目。

我的血液在喃喃低语，不要被泪水打败！那口井，不需要再勉强增添什么，这十七年里，你闹尽的笑话，你独特的脾气，你永不投降的骨气，和斜眼瞪人的表情，已经足以使我回味到老去（不好意思，有人说你这些怪胎行为是遗传了我）。

你的生命力始终无限，每日上午固定找妈妈，吵闹要抱要吃零食，然后一溜烟，你准时得好像一个会看时钟的小狗，十点整一定坐门口等司机，司机也都吓得不敢迟到。上班第一件事，即先带你兜风，否则你便来个仰天长骂，你的绰号因此叫南董。

而你住院，还有春节在家的期间，几位每天与你相依为命的司机大哥，全回来看你。你拥有的爱，一直这么多。

所以如果你还有三十天，可以慢慢走路，我希望你继续享受快乐，直到最后。我愿意一一帮你圆梦，可是你不会说话，不会写字，所以我只好用猜的，其中之一，便是等天气好的时候，带你到山顶梦幻湖露营野餐。

过去七年，我每回经过梦幻湖，都是为了送别你的兄弟姐妹。我带着肖邦的一小部分骨灰，撒在梦幻湖附近的一丛芦苇。那里可以远眺峻陡的山陵，还有阳光洒下的海洋，波光潋滟。

如果天空是蓝天白云，梦幻湖会映着飘浮的云。我希望曾经流浪、一生惊恐的肖邦终于可以没有惧怕地依偎在芦苇之中，好好安息。风吹来，摇曳生姿，他不会孤独。芦苇花迎风而生的坚毅生命力，可以永远庇护他。

这次我希望你是活着的时候看到这个世外桃源。我们可以铺一块布，拿出妈妈珍藏多年的野餐盒，好好享受一下。我陪你躺下，看云，天若冷了，妈妈抱着你，盖着被子。晚上打开帐篷，一起看星星。至于医院的那些药，我会把它当成野餐料理，我们可以来一盘松阪猪，一份水梨牛肉，一份甜美的蒸鸡胸肉配花菜，还有三井生鱼片盖饭。我喝清酒，你喝清水。山顶上，我们可以听田园交响曲，Sissel 的 *Going Home*，Jean Jacques Goldman 的法文歌曲，还有 Edith Piaf，此生无憾。

想起来多么幸福啊。这夜晚，只有我们俩！

星空如同明镜，整个湖水也辉映着繁星。

而那儿……仰一下头，我们有如拥抱了全宇宙。

你瞧瞧，多少人活了一生，都没有你快乐。

而那一刻如果天气够好，星空在我们上方，那是何等的深邃和明净！而我亲爱的孩子，那里可能正是我们未来的去处，只是你比妈妈先去一步。

我的孩子，你不必害怕。那里有我的外婆，有此生唯一打败你的 Baby Buddha，有你最好的兄弟成吉思汗，还有你最嫉妒的 Smokey，以及你的玩伴大哥大、小甜点。

想到一个又一个生命的三十计划，此时此刻我的理智并没有变得衰弱，我的心中汹涌着疼爱你的波浪，它勇敢地推着我走。

有一天我会苦痛，你会离苦永乐。

而山顶上的那一夜，我们皆会迷醉。它，将陪伴妈妈对你的思念，直到永远，永远。

二〇一八·二·二十三

南禅寺生命三十：Part 3

我怀疑南禅寺偷看了《世界周报》脸书，我写的生命三十计划。

这几天，她的身体出现奇迹式的好转。肾脏指数降至 2-2.4，和原来初住院治疗时的 4.6，判若两狗。另一个指标 BUN[①] 也大幅减少，胰脏炎痊愈，不再出现肾脏衰竭后期尿崩口渴的现象。

今天坐我身边，我正吃着土司，她居然趁我不注意，站起来偷咬一口。虚弱离她愈来愈远，胃口也愈来愈好。

住院时，苏璧伶教授把自己转变成鸡胸肉神厨，结果南禅寺头一回买账，后来没有食欲，头一转，不屑一顾，对救命恩人毫无礼貌。

过去一个多月喂食她早午晚餐，好像是打仗，强制灌食，她强力抵挡，过头了，怕她呛到，变成吸入性肺炎，不硬灌，怕她没有足够

---

① BUN：血尿素氮。

营养虚脱而死。我一个月下来，去了市场约二十回，每日变菜色，比平常一整年还多。结果她对我煮的食物不爽时，还吐到我脸上。

但她今天突然对鸡肉狼吞虎咽，而且十分钟内吃完所有牛肉泥、鸡肉泥……

以她一辈子奸诈的个性，我因此推测她偷看了《世界周报》的脸书。她知道如果身体好转可以去梦幻湖露营看星星、竹子湖烤肉、花博公园开超跑、台中新居吃串烧……

于是，她突然开始努力让自己健康起来。

我不是特别猜忌，故意诋毁她，她天生就是表演家。以前我主持《文茜小妹大》，谈“九一一事件”，她跟着我一起去摄影棚。每回导播喊五、四、三、二、一……她听到一，就趴下来睡觉。当我把节目主持到一个段落，开口说“进广告”时，她立即醒来，在桌上走动，到处打招呼。

家里的人、工作上的助理们都认为我特别偏心南禅寺，因为她每天跟着我上班，每一个场合形影相随。

我其实不是一个偏心的母亲，我只是给孩子们最爱的，并且任由他们自由发展个性。南禅寺机灵而且爱坐车，对世界充满好奇心。成吉思汗只想吃，他把厨房当四行仓库，每日死守，出门对他而言，八成没什么好事，可能就是去医院或是美容中心。他是个自恋狂，谁碰了他的脚毛，那怕还没有开始剃毛，他已“哭声倒长城”。

他对于受宠这件事，信心十足，不争不抢，只要吃，吃，吃。

不像 Smokey 和南禅寺对峙了一生。

而南禅寺也直到二〇一四年九月二十八日溶血症变虚弱，“年老色衰”后，才开始停止乱咬其他的弟弟妹妹。

馒头来了我家后，她看馒头深得我疼爱，一群自己的姐妹淘组了一个“馒头党”，恭请馒头当党主席，对她情何以堪，当时更是三不五时咬馒头。

这些疯狂举动，都在她重病之后停止了。于是后来认得她的医疗人员，未知其底细，都觉得她温柔体贴乖巧，我告诉她们：这个婆娘，是病了，情非得已，绝非天性。

但或许正是奋战好斗的基因，使她吃尽苦头后，坚持下来，渐渐好转。

我当然知道这只是从病危到比较稳定。小狗最后一个月的健康状况，往往是悬崖式的坠落。今天的欢乐，不代表明天没有新的苦痛。

但抓住任何机会，好好活着，享受快乐，本是南禅寺的天性。所以即使她的个性太跋扈，但在参透生命这件事上，她的确修了道。南禅寺，好名字！

我想她已准备出发，她想告诉我：妈妈，不要再计划了，上路吧！时间不多了！

今天山区温度十一摄氏度，明后天天气可能好转。录完本周《世界周报》后第二天，我要为下周一的竹子湖烤肉大会，上菜市场准备食材了。

在快乐的大道上，再次上路吧！我的孩子！

永远记得有一件事是死神剥夺不了的。它可以中断我们的生命，中止我们彼此的依赖，但它带不走也剥夺不了我们的微笑！

二〇一八・二・二十八

“我们不是因为年老而停止玩乐，我们是因为停止玩乐才会变老。”

看不见却永远微笑快乐的馒头，碰到忽忽在旁悠悠等待他的食物，故意吃得一粒不剩。忽忽不敢相信他可爱又敬爱的哥哥，竟然如此对待他，眼睛瞪好大！

为爱奔波

二〇一八·二·二十八

家有老狗的珍惜与学习

南禅寺刚刚偷喝了水。一个月前，当她病情最危急的时刻，她曾因喝水呛到，呕吐。苏璧伶医师怕她变成吸入性肺炎，于是下令我们必须用 3 毫升针筒喂水，慢慢地，一口一口。

今天不只自己学忽忽集团偷喝水，她也开始想吃馒头的鸡胸肉。她的前脚，留下布满针扎的痕迹，但是她一天一天在好转。

刚刚偷喝了水，满脸小偷像，一副越狱成功的模样。喝完水后，脸上的毛乱七八糟，也真的像江洋大盗。

但，她是快乐的。

早上，没有车坐，不能兜风，她会哭。她最虚弱时住的婴儿床，她已经待不住，坐不到五分钟，就破口骂人。昨晚从台大动物医院治疗回家，进了小区，她试图站很高，看风景，看四下有没有路人可以打招呼，然后满小区的樱花迎接她。

她病了，但是她不向死亡投降。

我照顾着她，有幸福，当然也有焦虑。昨天从中广回来，已经八点，我得帮她做饭，又为她的病友短尾白做便当，又得十点赶到医院。着急之下，做什么事都慌慌张张。工作人员和我一起分担照顾她的工作，我一方面充满感激，一方面如果发现给错食物或药，而且一错再错，我的修养就全崩溃了。

她是如此脆弱，而且又如此努力。我们怎么可以辜负她?

今天下午处理完《世界周报》本周的分稿及重点内容，我看着南禅寺。意大利周日大选极右派可能当选；波兰准备否认大屠杀历史；全球正式走向强人政治，《纽约时报》认为美国总统特朗普内心可能充满羡慕。同样一国领袖，特朗普的权力，几乎只在椭圆形办公室，顶多桌上的核按钮，会完全改变历史。

那些事如此虚妄，权力如此迷惑。健康活着的权力众人，如此战战兢兢。

反而面对死亡的南禅寺，从从容容。快乐很简单，多一克肉；幸福很容易，蜂蜜水加一小块馒头的下午茶。回家走来走去，巡逻一下老大的地盘是否被侵占。

今天她特别走访摆满花、牛奶和食物的供桌，上面是她的两个弟弟，成吉思汗和小甜点。她穿梭其间，似乎明白，似乎接受。

然后躺在我的怀里，呼呼大睡。

活着，在家，不要太痛苦，生命已是厚待。

即使晚上还得去医院例行打针，吃心脏病药，只要打完了，可以回家，一时的痛，皱个眉头，再撒泡尿，吻吻短尾白，一天过去了。

二〇一八・三・二

元宵节，年节的结束。

一段狂欢、团圆时节的终点。

人们点灯祈福、蜂炮驱瘟神。我不提花灯，倒是帮花园换妆，带馒头和忽忽赏花。

天气转晴，秀气的手绣球开了小白花，华丽的大理花笑迎春天。

一个冬季过去了，心再苦，也熬过来了。

不必哭泣，只需想念，用更多的颜色、花朵，珍惜我们仍有的春天。

人生让你痛苦的，其实是你的念头，没有不离开的家人。

这个过去的冬天教我：我该庆幸仍有余力，送我的毛小孩们最后一程。至少不是他们送我，然后茫然没了妈妈，没有了家。

二〇一八·三·五

夜间一楼听到怪声，起身巡逻。

走到大厅，没有异样，打开大门，明月清亮高挂，甚至没有风声。

再进屋，转头一看，一个蠕动灰色怪物藏一角，就在小小淋浴间。

戴上眼镜，原来是史特劳斯未临老，已入花丛，睡在樱花浴缸旁。

我的疑问：如果怕热，那么多凉地板，为什么选淋浴间？尤其愈靠门口，还有小窗，才凉快。

如果想要个密闭感觉的窝，找什么不好，沙发、钢琴底下，任君挑选。为什么是淋浴间？

如果想远离新来的忽忽军团，以前特别爱挑厨房，地板又是石材，窗下又凉爽。何乐不为？

难不得他得了孤僻症？

我摸摸他的头，小声问，有什么委屈啊？深夜，他伸了一个懒腰，继续大睡。当我是神经病。

不理人。

莫非他羡慕我每天的洒花淋浴？还是他天生就是赏花吟唱诗人？

二〇一八·三·八

南禅寺语录

今年一月十二日我被宣告病危，一月二十三日我休克停止呼吸五分钟。

现在，我打败了病危预言。在苏璧伶医师细心照顾下，据说我会持续不老的传说。

今天祝大家三八妇女节快乐！谢谢你们伴着我那神经质又承受着锥心之痛的母亲，一路从小甜点、成吉思汗骤逝，到我病危。

现在复活节还没有到，我已经复活了！

三八妇女节有个广传歌颂美丽、温柔、甜心、聪明女人的文字，我看了，呵呵，有小微词。

男人们说："和漂亮的女人交往养眼。"我鼻子虽扁，长相尚可，走古锥[a]路线，相当养眼吧。

---

a 古锥，闽南语词，一般用来形容人的可爱。

男人们说："和聪明的女人交往养脑。"我虽是一条狗，但要诈心机样样都会，至少胜过我那个常被称赞"聪明"的妈妈。你们和我在一起，日子会过得多一点快乐，少一些沮丧，这是养脑最重要的一步。

男人们又说："和快乐的女人交往养心。"这世界上少有比我每天开心过日子快十七年半的女子。无忧无虑，四海郊游。这样的心，不必养。

男人们曾说："和温柔的女人交往养神。"那是指自己是坏脾气的男人。我虽精灵古怪，撒娇任性，和温柔婉约没什么关系，但只要不是坏脾气的人，都觉得看到我，挺养神。

最后祝大家三八妇女节，同欢乐！

二〇一八·三·十三

记住该记住的，忘记该忘记的。改变能改变的，接受不能改变的。

——塞林格《麦田里的守望者》

终于，冬天快走了，我慢慢走出了失去小甜点、成吉思汗的低潮，也熬过气温骤降骤升免疫系统被攻击的日子。虽然已经到了不能晒阳光的人生阶段，不过这个大好天气总得忍住疼痛，拍摄一下小区绽放的樱花。

不只我，它们也等了一整年。

小区内某个人家最美也最珍贵的一株八重樱，开花时，正巧碰上了变天且骤冷风雨的日子。花没开几日，甚至来不及全开，已樱瓣落满地。等天晴了，春天就是晚了一步，八重樱花已错失该有的美，留下花与叶夹杂交错着。樱花实在是个奇特的植物，它太求完美，一旦叶子长出，好像坏了什么，那些还残留枝上的花，全成了无人欣赏的孤独美女，挺可怜的。

小区最大棵的山樱花，今年倒是赶上时辰，刚刚好，这两天全面盛开。像一把大伞，罩着经过的每一个路人。据说这棵樱花树龄快六十年，等于和我同年龄。但人是愈老愈失色，樱花却愈老愈上色，在蓝天白云下，开得恣意狂热。

通常晚到约三月底才开的吉野樱花，今年则提早了半个月。

这天气变化，对每株樱花都是考验，一整年的努力，最后决定性的不过就是一时的运气。小区街角一个人家两棵吉野樱花盛开，明明站在一起，同一个角落，开花却仍有前后。

这世间，哪能强求什么必然？什么应该？只有接受。

吉野樱花中间的绿色植物是五彩茉莉，到了四月五月，紫花白花相间，同长一株树上，很是特别。

趁着天气好，全家总动员。史先生找到了跟班，终于当上老大，忽必烈紧紧靠着他。忽忽是馒头的随扈，当他的眼睛，馒头时而笑，时而不习惯忽忽靠得太近。但至少有了安全感。

南禅寺关节不行了，坐了仇敌馒头的车，占领，哈！瞬间她也成了“南神”！

二〇一八·三·十三

南禅寺语录

衰老，是未经证实的谣言。

二〇一八·三·十六

南禅寺再度住院语录

当一个人的希望降到零时，他才真正珍惜自己所拥有的一切。

——霍金

二〇一八・三・二十八

幸福晚年的秘诀，就是与孤独签下一纸不失尊严的协定。

——马尔克斯

时间的沉淀，智慧的积累，会把最好的你，留到最后。别辜负青春，更别辜负中老后那个“最好的你”。

——陈文茜

世界上无所谓幸福，也无所谓不幸，只有一种境况与另一种境况相比较。只有那些曾经在大海里抱着木板经受凄风苦雨的人，才能体会幸福多么可贵。尽情地享受生命的快乐吧！永远记住，在上帝揭开人类未来的图景前，人类的智慧早已包含在两个词汇：“等待”和“希望”。

——大仲马

二〇一八·三·三十一

外婆自小教我要习惯任何人的忽冷忽热，也要看淡任何人的渐行渐远。

于是我收养了一只学生送的礼物狗，馒头的弟弟比熊，名字就叫：忽冷忽热，简称忽忽。

提醒自己，人会忽冷忽热，狗却永远热情如火。

何必在意世态是炎凉或炎热呢？

为爱奔波

二〇一八·四·三

南禅寺语录

如果我们的潜意识里，有一些自己还没有处理好的冲突、矛盾以及内心被压抑的渴望，我们虽然未必意识到它们的存在，它们却会发生在我们外部的行为模式里，最终成为我们的“命运”。

——荣格

为爱奔波

二〇一八·四·八

一生永远忠于自己的南禅寺，离她当时病危住院，已经过了快三个月。在苏璧伶医师和台大动物医院无微不至地细心照顾下，她已逐渐脱离生命危险，每日近中午回家吃饭睡觉，宣示老大主权，晚上十点再回台大动物医院住院。

将近九十天，她慢慢适应了自己忽好忽坏的病情，并且在医院找到新朋友，也是新的竞争对手：短尾白。

一生悲苦的短尾白，先是流浪狗，二〇〇九年被新北市抓狗大队逮捕，住进中和收容所立即感染狗瘟，全身瘫痪。同一年正巧是苏医师教授带着研究团队进驻中和收容所当义工中的一年，遇见苏医师，从此改变短尾白的生命。

近九年来，苏医师自掏腰包，帮短尾白打针、治疗、付高昂住院费，用尽中西合璧的方式帮短尾白前肢奇迹地站起来，后脚又装轮椅，短尾白每天特技表演，成为台大动物医院一景。

而那背后，是一段长长的，说不完的故事。悲苦、残忍、不幸，以及爱不求回报，众力成全她的生命……

这世间，本来什么故事都有。

现在南禅寺是除了短尾白之外，住院最久的小狗，元老级病患。

自从她发现我每天也为短尾白带食物，还自己喂食短尾白，把她的蛋白鸡肉又分给短尾白，甚至把她最心爱的牛奶分给短尾白后，她们就成了某种程度的家人，当然也是仇人。

今天上午，南禅寺起床，先把台大动物医院当大街逛，经过短尾白睡觉的角落，没有忘了她，狠狠碰她一下，把她叫醒，然后故意不喝自己的水，大口大口喝起短尾白的水，当成南霸天吹起床号。

乖巧的短尾白看着这一切，好像遇见久年失散的家人，好像闯入一个可笑小霸王，心中百感交集。

南禅寺的内心世界，维持霸王花宝座，永恒之目标，不论身处什么健康状况。短尾白的世界，没有“逆境”两个字，只有“食物”两个字。

一个：我闹故我在。一个：我醒了，啊，我也饿了！

做自己而被讨厌，好过做别人来招人喜欢。

——安德烈·纪德

二〇一八·四·九

南禅寺语录——两老有猜。

我不会为了还有多少日子烦恼，余生只愿欢笑。
请记得，
让这个世界灿烂的绝不是阳光，
而是我们的微笑。

二〇一八・四・十

世事如此难料。

一张婴儿床，本来是南禅寺病危后，刚开始可以回家短暂过年，为她准备的氧气床。把氧气灌进婴儿床，用纱罩包覆，刚好有漏缝，可以排出二氧化碳。

记得我到丽婴房买床时，苦涩沉重的心情，觉得这是我可以帮心爱的孩子，做的最后一件事。

三个月过去了，尽管南禅寺病情未如当初那么绝望，其间也休克了两次，多数都是因为温差太大，或是夜间发病。

如今她每天早上十点从台大动物医院请假回家，晚上十点回医院住院。这个公主床暂时搁在家里，她平常也不喜欢自己单独睡，没有什么用途。

但今晚，我难得在家，大伙儿一起吃晚餐，忽忽集团捣蛋闹个天翻地覆，惹得看不见的馒头非常生气。可爱的忽冷忽热尤其皮，一直想咬史先生的胡子，好像弹跳娃娃，跳一下，咬一口，气得史先生快变老生。

过会儿，忽忽又来轻咬馒头的尾巴，我当下决定把救命的公主床变成小监狱，惩罚两个忽忽小鬼。

但一件事每个狗都有他不同的角度，史先生看他们被关禁闭，好高兴，得意扬扬，而馒头感觉到，正义终于伸张了！

谁也没有想到坐在远方的南禅寺，她气炸了，她直瞪前方，她记得那是她的床，她的宝座，妈妈送给她的礼物。两个小家伙，趁她老了，病了，作乱，凭什么占领她的王位？她走向公主床宣示主权：“给我下来！”

于是一家五口，各有表情。忽冷忽热想从公主床逃生，觉得这里是监狱，一直站起身子；忽必烈觉得这个游戏项目没意思，也想跳床；史先生得意扬扬，一旁幸灾乐祸；馒头心底偷笑；而南禅寺则是认知她的东西被抢走了，忍无可忍。

我们从来不会知道，和你不同处境的人，他们在想什么。

这是我可爱的小狗们，教我的一堂课。

二〇一八·四·十一

同床异梦。终于明白什么叫：落花有意，流水无情。

馒头与他小弟弟忽冷忽热。一个模仿看不见的馒头，躲在角落。馒头醒来，赫然发现，我的专属经济区怎么多了一个跟屁虫，一点也不领情。

二〇一八·四·十二

“我要像月光一样，通宵守着静静的春天之夜。”

她没有名犬秋田漂亮，可是脸部表情非常温柔。她很苦命，小时候是只流浪狗，后来被捕捉至收容中心，不幸感染狗瘟，从此全身瘫痪，已经残废了九年多。

她是我在台大动物医院遇见的狗，名字叫短尾白，在台大苏璧伶等几位爱心教授医师照料下，她勉强可以撑起上半身，下半身不只瘫痪，每夜要靠人工挤尿。

在医院里她已住了快十年。过去这十年都是苏医生主治她，并且帮她付了所有住院医疗费。台大动物医院的实习医生私下称她“学姐”，或是“百万名狗”。

南禅寺住院后，我认识了她。遇见她，是我经历两个毛孩子小甜点、成吉思汗连续死亡，南禅寺又病危，老天给我的最大救赎。

从今年二月起，为了感谢了不起的苏医师，还有短尾白给我的生命体悟，我告诉苏医师，我决定认养她，当她的干妈。

除了支付短尾白住院的医疗费用直到她离开，我每两天会自己

煮一锅池上鸡肉米粥送到台大动物医院，陪她到最后。

前阵子短尾白前肢站不太起来了，躺在角落，眼神哀戚。她本来唯一的自由，靠后脚轮椅代步，一天只能使用十分钟。因为她的前脚，退化性关节，愈来愈痛。

于是我决定买一台迷彩推车送给短尾白。车子到货当天，老板亲自送货，台大动物医院所有医疗人员都非常兴奋，一名帅医师立刻带她去台大校园草地散步，而且当场 Facebook 直播！

快十年了，她终于不费力气走出了医院，看到了天和草地。

生命如此短暂，我们没有时间争吵、道歉、伤心。我们只有时间去爱。

——马克·吐温

谢谢你，短尾白。

二〇一八·四·十二

趁年轻，好好利用这个机会，尽力去尝遍所有痛苦，这种事可不是一辈子什么时候都可承受的。

——马尔克斯《霍乱时期的爱情》

忽忽集团趁南老大和馒头都去医院不在家，
偷坐南董事长的跑车，偷戴馒头的小飞侠帽。

二〇一八·四·十八

当年我把他从流浪动物花园协会带回来，以为我给了他一个家。现在，是他，史特劳斯给了我一个家。

这个家在过去五个月里，几乎快要碎了，家里原本共有五个欢乐小狗，两个小孩前后不到两周走了，然后老天只给我一个月，慢慢走出来，还没有走到有能力哭出声来时，第三个孩子南禅寺已经病危。

我每天告诉自己，撑着，你是她唯一的靠山。转念，她比你还苦，为了你，她疼痛辛苦地挺过一关又一关。

终于南禅寺稳定些了，虽然我也明白，一切只是时间长短，她终究来日不多，我看着她，心疼也道谢。

悲剧的上演，往往没有尽头。两个星期前第四个小孩馒头的眼科医师告诉我，他虽已两眼双盲，但是左眼眼压已过高，可能必须考虑立即开刀，挖出馒头的眼球，装置义眼……而且他已经十一岁，麻醉风险将随年龄大增……现在不做决定，未来更危险。

知道馒头眼睛可能要摘除的那一个夜晚，我离开台大动物医院，窗外的春天如秋风，满地落叶。走出幽暗长长的廊道，侧门在眼前，忘记怎么打开它，虽然我已待在这里一百多个日子了。我突然忘了旁边的按钮，拉门时，我不知道自己在做什么，我开不了门，不论真实的门，还是心中的门。我只记得当下不断告诉自己：不要倒下，不要倒下……

一个小时后回到家，史特劳斯以神采超凡的微笑迎接我。

这个大孩子，小时候吃尽苦头，受尽折磨虐待，却从不记苦，永远心灵朗照，神采若在，眉宇间映出幸福的表情，妈妈回来了，妈妈回来了。

过去几个月，忙着小甜点猝死的悲伤，忙着抢救成吉思汗，忙着再抢救南禅寺，也忙着提醒助理每小时为馒头点眼药水，我的宝贝已经看不见了，他不能再失去眼睛。

大家都忽略了史先生。

但史先生是一个永不抱怨的狗，他只要妈妈偶尔晚上带他到四楼，吹点风，看看星星，陪妈妈浇花，即欣然在高天皓月下，怡然自得，月光中，他似乎有能力望见自己的明辉。

阳台上的他，总是笑。

从台大动物医院回来，知道连馒头都可能要挖掉眼睛，那晚我诚实地告诉自己，这一切，已超越我可以承受的范围，不必再逞强了。我的心律不整又犯，带状疱疹再起，我不会觉得这叫末日，只是精神上，心的底层里，我至少暂时被撕裂了。

而就在此刻，史先生出现了。他似乎看穿了我哀伤的眼神，夜夜日日、亦步亦趋跟着我。

那一晚我想躲在被窝里哭泣，他过来亲吻我。

我似乎暂时陷入了一千个深渊，在夜晚最狭窄的黑暗中，他却将贴心的大头放我腿上，轻轻地以肢体告诉我，妈妈，你还有我，你还有我，我会健健康康的。

我想起小时备受虐待的他，开始心疼起来，这个如此懂事的孩子，当晚又带他上了顶楼。那一天，天好冷，一阵阵的冷风，好像吹进我的灵魂，好像要吹穿我的血液。

老天要我冷到底，冷吧！我发着抖，任性地把自己丢入彻底的寒冷中，无奈地坐在地板上。而此时史特劳斯温暖地走过来依偎着我，像一个大棉被包裹着我。

他不忍心妈妈这样受冷风吹。

从那天开始，我进温泉，他也进。我坐桌边看资料，他也陪。

聪明的他，闻到了我心头的凄苦，忙碌的工作，放不下的孩子。他不吵也不闹，就静静地陪着我。似乎想让我知道，他会陪伴我，经历这一切。不论结果多糟。

当时啊，以为自己给了他一个家，现在才知道是他，给了我一个家。

谢谢你，可爱的史特劳斯。谢谢你。

为爱奔波

当时通过流浪动物花园协会从收容中心收养了他，没有想到最后是他在我脆弱时，陪在我身边。

想念成吉思汗、小甜点的失眠之夜，陪伴我床边的史特劳斯。

那一个你以为你伸出手帮助的又瘦又潦倒的对象，如今成为你生命中的天使。

20140620

二〇一八·四·十九

四月十九日馒头复诊眼睛，评估是否手术摘除眼球，我的小孩，祝福你！盼你一切安好。

二〇一八·四·二十

馒头语录

草在结它的种子，风在摇它的叶子。

我们站着，不说话，就十分美好。

——顾城

二〇一八·四·二十

史特劳斯语录

他还太年轻，尚不知道：回忆总是会抹去坏的，夸大好的。也正是由于这种玄妙，我们才得以承担过去的重负。

——马尔克斯

二〇一八·四·二十一

南禅寺语录

如果你能看到我的世界里，那些渐渐消逝的美好，你就能体会到现在拥有的幸福。

二〇一八·四·二十五

馒头深夜语录

五岁时，妈妈告诉我，人生的关键在于快乐。

上学后，人们问我长大了要做什么，我写下“快乐”。

他们说，我理解错了题目，我说，他们理解错了人生。

——约翰·列侬

二〇一八·四·二十五

史特劳斯花房：栀子花

雨水对栀子花最好，若没有雨水，也可用自来水。

浇自来水时可以加一点醋，或者柠檬酸，增强土壤的酸性。

浇水时水温要严格控制，水温接近室温，不要用很凉的水，使用时放置一段时间，让温度与室温相近，再浇水。

生命太短暂了，不应该用来记恨。

人生在世，谁都会有错误，但我们很快会死去。

我们的罪过将会随我们的身体一起消失，只留下精神的火花。

这就是我从来不想报复，从来不认为生活不公平的原因。

我平静的生活，等待末日的降临。

——《简·爱》

为爱奔波

二〇一八·四·二十五

南禅寺深夜书摘：《卡夫卡的日记》

写日记的好处是：能够令人宽慰地、清楚地认识自己内心各种变化过程。

人们永远避免不了经历变化，一般我们总是自然地相信它们，感觉它们，为它们所苦，并承认它们的存在。

其实承认这些变化，可以换来人对未来的希望和心定，可惜人们虽经历了，却又总是无意识地遗忘其间的变化起伏。

在日记中，我们往往可以找到证据，证明我们曾在某天看起来难以忍受的境况中生活过，环顾过，挫败过。把观察的结果写下来，有一天，当纵览那时的境况时，我们可能变得更聪明，更承认我们当时在不知天高地厚地顽强努力时，是多么无所畏惧的。

—— 一九一一年十二月二十三日

为爱奔波

二〇一八·四·二十五

南禅寺病中语录

命运终究会带走很多幸运的翅膀，却往往也留下一点影子。它把喜剧变成悲剧，也留下机会让我们可以把悲剧变回喜剧。

原来，我们的脆弱，是因为我们还有其他的选择。我们选择借口，选择依附他人，我们以无辜可怜的手腕逃避，换取庇荫。

而当所有的逃避，不复归来，你只能坚强面对时，你才发现，原来坚强本来就是我们的一部分。

你，本来就可以坚强。

为爱奔波

二〇一八·四·二十五

馒头语录

正是因为你内心没有爱，所以你不停地从外面寻找爱，来填满自己。

这种爱的缺乏就是你的孤独，而当你看清这个真相时，你就再也不会试图不断用外在的人或事来填补了。

——克里希那穆提

二〇一八·四·二十五

两个生病的孩子，南禅寺与馒头，在 Bakery 小甜点走后的第五个月，拜天祈福，保佑这个家。也向天空上的兄弟致敬。

二〇一八·四·二十五

时间总是出其不意，攻其不备，就在我们都以为南禅寺病情稳定后，她突然病情直转急下。

星期日我出门至香港，她看到了行李箱，一直走在我身边。

才过三天，南禅寺不只回不了家，全天住院，她的肾脏指数突然回到一月病危时的 4.3，而且昨天已经是开始血管注射的状况。她的胰脏炎也再度发作。

刚刚医生已经开始打吗啡。我们都知道她非常勇敢，她已经努力了四个月半。

为了让我在小甜点、成吉思汗相继走后不要心碎，她撑得好辛苦。

我将陪伴她到最后。

我的小孩。我永远的爱。

二〇一八·四·二十六

我喜欢目不转睛地看着你
永不停止地去爱你
你是那么的生动
即使你的睡眠已比黑暗还深
他们说，你的时日不多
我说，谢谢你告诉我
分分秒秒、日日夜夜的意义
没有你们相对短暂的生命
我不会明白自己的人生多么珍贵
你们以离去提醒我
别挥霍生命
珍惜值得的事
忽略无关的人
永远相爱
即使有一天我们必须分离

二〇一八·四·二十七

在时间的大钟上，只有两个字“现在”。

——莎士比亚

下午陪伴南禅寺，短尾白也来凑热闹。凡是南禅寺不吃的食物，全进了她的肚子。

饱食后，难姐难弟，在我的脚下呼呼大睡。

不论南禅寺过几天的答案是什么？“现在”的我，很幸福。

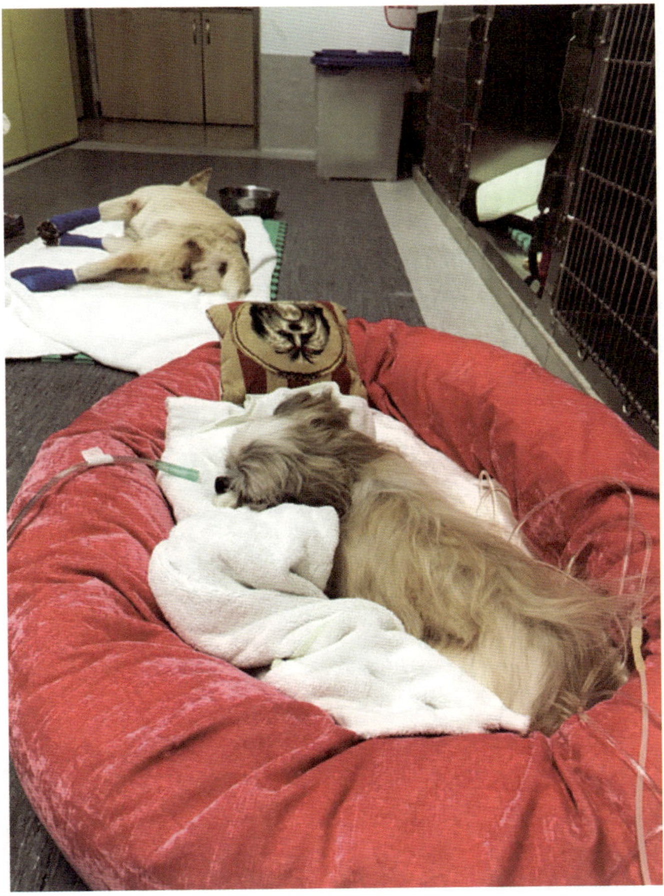

二〇一八·四·三十

我怀抱着一个梦
我怀抱着一个梦，一首想唱的歌
帮助我对抗一切
如果你见过童话中的神奇梦幻
你就可以掌握未来，纵使你失败了
我相信天使

我所看见的一切都是美好的
我相信天使
当我知道时机来临
我将涉水过溪——我怀抱着一个梦
我怀抱一个梦，一个梦幻想象
帮我熬过现实
我的目的地使一切没有白费
它将黑暗拒于千里之外

我相信天使

我所看见的一切都是美好的

我相信有天使

当我知道时机来临

我将涉水过溪——我怀抱着一个梦

二〇一八·五·二

原来死亡是不能完全练习的。

南禅寺是我们家的家长，管其他小狗，管我，也管开车的司机。

她的表情总是那么逗，调皮捣蛋，无法无天。我呵护她的时候少，和她吵架的时候多。

由于恶霸，她是家里唯一被我斥责、打屁股、罚站的狗。不过，她韧性十足，而且聪明无比，各种女主角她都扮演过。撒泼、委屈、发抖、挨饿、撒娇、只爱你一人……然后司机的车声来了，她以七四七的速度，飞奔而去，留下必须明白的你自己。

二〇一四年九月二十八日她突然发作溶血症，从此不断进出医院。在苏壁玲医师全心照料下，她活到今天，已经是奇迹。

一年前，苏医师突然电话中告诉我：她的肾脏衰竭已经开始了，这个过程会很快，所以早晚都要皮下输液。

我们母女一致乐观派，她很开心，这样一天可以搭两趟车。我则是逃避，当然主要还是对她生命斗士态度盲目地崇拜。

三年半过去了，全家原本比她年幼的弟弟们，一个一个先离开。

直到去年十一月二十日、十二月四日，小甜点和成吉思汗突然相继走了，我抱着她，谢谢她这三年的苦撑，也告诉自己：幸好，我最爱的孩子还在怀里。

然后一月十二日她病情迅速恶化，开始了她在台大动物医院超过一百多天的住院日子。有些时候，状况好一点，她可以请假回家，坐在花园里，身形削瘦，却仍霸气十足。

理性上我知道她时日不多，但她一关过了又一关，我每天为她准备低磷无油鸡肉泥和牛肉泥。针对她的血检，每次调配方。以为天会长一点，地会久一些。

但这世上本来没有天长地久。我和她的连结，似乎无法分开。每日忙着工作，心里总是不安仓惶，但一到医院看她，我坐地上，用她最喜欢的姿势抱着她，那一刻好像我已拥有了全世界，我什么都不要，我只要我的孩子。

从出生过早离开母体，才一个月，南禅寺就到我家来。她的头会歪斜和人打招呼，她的听力可以辨别我的司机到了没。她喜欢跟着我上班、工作、上电视节目，导播喊五、四、三、二、一，南禅寺即在桌面上倒下，呼呼大睡，好似这一桌说话的人全在放屁。接着导播喊进广告，她就神气活现地站起来，在桌上乱跑。

她和我日日进出，搭车，逛街，除了不必主持《文茜的世界周报》，我们几乎形影不离。直到三年半前，她病倒了。

上个星期二她的病情突然恶化，尽管我早已知道答案，并且星期一主动向医生提出要求，我不想让她走到最苦的末期。当晚我在医院为她夜间休息的角落拖地板，背对着其他人，地上空空的，好似此刻我已经失去了她。当下眼泪一直流，最后趴在窗边大哭。

今天本来准备和医师讨论在什么情况下该送走她，苏医师上午晚上分别为她从胸腔抽出60毫升的水，她告诉我，南禅寺可能活不到星期四，甚至今晚。

但她希望，她照顾了三年半，是她亲手送走她。所以她会想办法延到明天中午。

我同意，约好了明天中午，上午爱她的人先为她办个派对，有牛奶、鸡排、菲力牛排……大家为她送行。

我离开动物医院之前特别谢谢苏璧伶医师，我流泪感恩过去一百多天，她只有四天因出国及升等论文没有到医院，包括过年春节都在医院。她的大爱、付出，使我和南禅寺多相处快四个月，也帮助我远离丧失了成吉思汗、小甜点的锥心之痛。

晚上回家整理南禅寺生病三年半来的照片，除了后期，多数不显病情，而且即使住在医院，也每天给自己找乐子，尤其是和短尾白拼车。

再过几个小时，我将永久失去她。

这个世界上没有天长地久的生命，但有着天长地久的爱。

孩子，愿你远离痛苦。记得我永远爱你。

谢谢你给了我一生十七年，最美好的回忆。

人准备再久，告别，尤其告别我十七来相依为命的孩子，“再见”，仍然是最困难的单词。

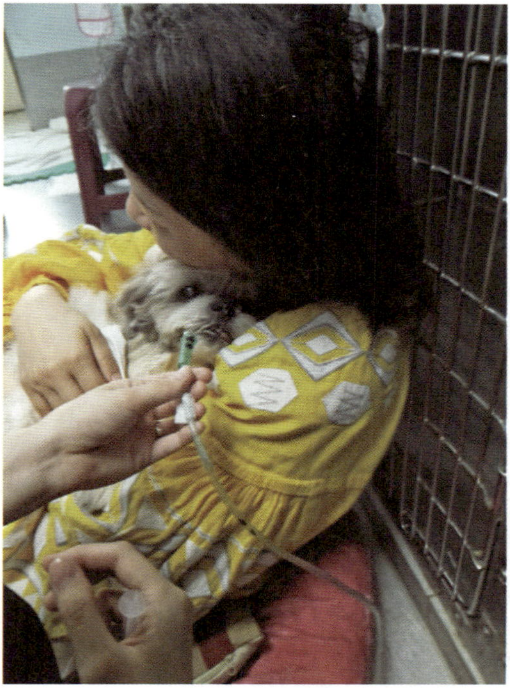

妈妈，我只是兜风去了。
南禅寺的最后一天。

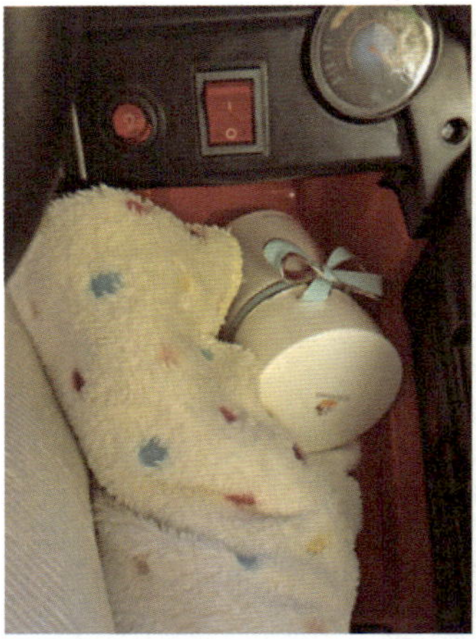

为爱奔波

二〇一八·五·四

我曾许诺南禅寺在她离世前，到竹子湖花园，还有回到我的故乡台中。台中因为她的病情，无法舟车劳顿，竹子湖则是天气。她身体状况稳定时，当地总是下雨或是极冷。

于是，她最爱奔跑的草地，无缘再回。我为她和几个老狗，还有自己冬天避寒买的台中房子，整个冬季，死亡像轰轰烈烈的战役，一直攻击这个家。没有一个孩子，有缘踏入新家。

为了他们，我还在新家特别买了一张矮床放在榻榻米上面，想象我们一家又可以像小时候，大伙一起睡在一个小窝里。

命运或有起伏，但是死亡就是一条笔直的路，奔跑其上的轮子不会停，直到抵达死亡的终站。

我的孩子们，以匆匆的告别方式，告诉我，生命中重要的事很少，就是把握，就是感恩，就是珍惜。

庆幸去年年底我取消出国，庆幸过年期间我守着南禅寺，庆幸我有福分一百多个倒数的日子，几乎每天陪她，每天有机会抱她。

想念那段她可以请假回家的日子，我每天守着她至深夜三点为她调氧气，喂她喝牛奶，帮她换尿布的夜晚。

如果有一天你钟爱的亲人或生命离开了你，即使仍然有遗憾有痛楚，但那些当时看起来艰苦压力庞大的点点滴滴，反而成为我现在最甜蜜的回忆。

我可爱的孩子，南禅寺，当她即将离去的那个清晨，她知道我在流泪，已经非常喘且疼痛的她，甜蜜地舔了我的手，好像是告别，好像是感谢，她轻轻地靠在我身上，没有了疼痛的表情。眼睛乌溜溜，不知情的人不会想象她所有的血检数字，都指向同一个方向。

后来我忍不住哭出声来，她竟然也哭了，而且流下了眼泪。

亲爱的南禅寺，我心中永远的小宝贝，你如此舍不得，又如此勇敢。妈妈不是相信轮回的人，但是我相信你希望妈妈能够和你一样勇敢，能够度过你的离去。

于是今夜，那个我们没有实践的竹子湖约会，我毫不犹豫走入。今晚月亮没有出来，云朵之间有几个小星星，山形似梦非梦，正如你的离去。

我吸了几口熟悉的空气，开始浇花，初起忍不住在鱼池旁大哭，然后朝着山，大喊你的名字：南——禅——寺——

擦干了眼泪，我像一名尽职的农夫，施肥，折下枯枝，然后剪下一朵又一朵早已过度盛开等待我们来到的花朵，准备送给你和成吉思汗、小甜点。

时间不回头，一直流逝，山形却纹风不动，正如我对你们的感情，和往日没有任何不同。

我回到家，把该剪掉的叶子剔除，太长的枝干剪短，献给我亲爱的孩子们。

他们说，爱不释手。我知道，爱有时候，要放手。

二〇一八·五·六

史特劳斯：深夜的诗句与音乐

当一个人可以了解别人的痛苦时，他必已是饱经痛苦的人了。

——拜伦

二〇一八·五·八

我绝对没有资格说自己生活凄凉，但悲伤却如一只默默的蜘蛛，在我内心各个黑暗的角落里结网。

每一个自我鼓舞，背后都有一个脆弱的地壳，如火山口，流下来的不是眼泪，而是侵吞我生命的熔岩。

我从来没有这么讨厌自己，照着镜子，我看到的自己，就是一个受伤后的脸孔，无法遮掩。

随着年纪老去，我不再逞强，什么击鼓高歌，那是故作潇洒的表演。我的人生不是为了创造传奇而活，此时此刻，我就是个凡人。

我知道克服不容易，我更知道找一个肩膀靠，只是暂时性的，而且可能给自己惹上麻烦。我必须让自己走出去，去和朋友聊天，去花园剪花，让时间慢慢流走哀痛之水。

尤其去南禅寺、成吉思汗往生的地方，探望短尾白，她还在那边等我。

人在某些状态下哀伤是必然，可是放纵自己哀伤，却是懦弱逃避的行为。有一天，光阴会带走我的哀伤，转为淡淡、深沉的思念。

而且我还有看不见的馒头、小时候受尽折磨的史特劳斯、来了我家因为南禅寺病危没有被好好疼爱的忽冷忽热及忽必烈……他们都在渴望我的爱。

还有短尾白。

她在南禅寺走的前一天，医院内看老朋友这么辛苦，一直喘息、疼痛及哭泣，想办法以她的残废之躯，爬过来，挪到南禅寺的身边，头靠着她，试图给她安全感。

住在台大动物医院近九年，短尾白已看尽各种动物来来去去，生生死死。

但是对于南禅寺的离去，她似乎有复杂的情绪。

这一百多天，因为南禅寺，我认识了她，从此以后，每天分享家中为她特别准备的鲜食，有时候南瓜浓汤加鸡粥，有时候苹果蔬菜加鸡块，每天我们都会喂食她，推她的新车，或是坐我的车，学南禅寺也出去逛街。她不仅认得我从电梯走出来的高跟鞋声，也因为我的缘故任由南禅寺在她的床上乱小便，故意喝她的水，或是清晨起床了，故意撞她，叫醒她。

而当南禅寺要走时，短尾白明白了一切，她静静的，出奇地安静，满屋子都是送别南禅寺的朋友，每个人都在流泪。

她异常安静。静静地陪她到最后，一段友谊告别了。

她因某种原因，被关回一个小角落。她的生活又进入另一个阶段，我想，她没有把握我会再回来看她。

南禅寺上星期三离开，下午火葬，那天晚上我没有去医院。星期四晚上我到的时候，短尾白没有昔日的叫声、撒娇声，我叫了她，她躲在一个手术桌下，抬头看我，好像不太相信我会回来，带着一锅好粥，还有蛋白……我吃力地抱起她，她舔着我的脸，是谢谢，是感动，也是安慰。

之后每两天我都会去看短尾白，今天有工作在身，至香港，特别拜托司机大哥，带她去美容院洗澡……她上回洗澡是半年前的事了。

台大附近的多俐宠物美容院老板，是我遇见最有真情的美容院老板，他曾经自己亲自到台大动物医院为南禅寺剪头发，他看着南禅寺长大，知道短尾白的故事，他欣然同意为她洗澡。

现在的我虽然还是走在一条黑暗的走廊上，但我知道走廊的尽头，门没有锁上。

因为短尾白，因为我的工作，因为我的其他小孩，我会走出来。

不必急，也不必号啕大哭。

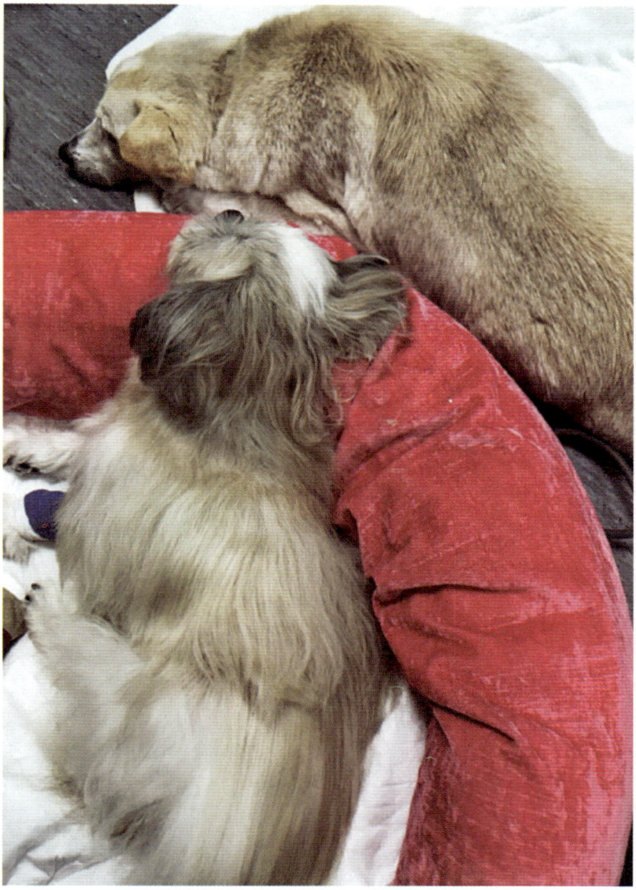

二〇一八·五·十一

快九天了。我的南禅寺走了快九天。

过往近深夜，如果南禅寺在家里，这个时候，我总会走到她睡觉的地方，抚摸她，抱着她，轻轻地告诉她：我好爱她。

刚刚准备就寝，下意识地我又要下楼探她一眼，是否安好，氧气是否开足，窗户会不会开太大，暖气够不够。

这些三年又九个月持续的习惯，才刚移念，即想起：我的宝贝，已经走了。其他的孩子目前都很健康，各自安稳入睡，我摸摸他们的头，不必打扰。

过去这个冬天，我的生活凄凉得有如朝北的顶楼，灌满的凄风还没有走，另一场暴风雨紧接着侵袭，我还没有从疼痛中回神，另一端死神已经伫立于旁，盯着我。

忧郁如默默无闻的蜘蛛，在我内心各个角落里结成绵绵密密的网。

我想尽各种办法，在死亡的走廊上躲藏，有时候也不断转念，如何迎面接受命运给我的功课。

关于南禅寺的答案我早已知晓，只是不确定这条黑暗的走廊，我得用什么态度好好地走完。

南禅寺走的那天上午，她已喘气不止，奇特的是，我一抱起她，她舌头立即伸回去，不再喘息，安静地靠在我身上，然后突然舔了我的手。

她在道别吗？还是她希望神勇的妈妈能如以往再次找到奇迹，再救她一次？

无能为力的我忍不住哭出声来，接着她也哭了，并且流下眼泪。

我轻轻地在她耳边，悄悄告诉她：你是妈妈一生永远的爱，我会每天对着月亮、星星叫你的名字。孩子，不要怕，从此我们彼此分离，我不知道你将去哪里，但是我答应你，我会每天做一件快乐的事，纪念你快乐的一生，一步步走出哀伤。

九天了，亲爱的孩子，我做到了。从举步为艰，强迫自己到花园剪花，在顶楼忍不住对着山影嘶喊南禅寺的名字，到如常主持制作《世界周报》，到念宋词元曲，到花市买花并重新整理花园，到参加“美好关系：书香”活动。

孩子，你走了。可是你却以另一种方式奇特地留下来。

你一生快乐的生命态度，生病时仍不断给自己找乐子的本事，正一点一滴地传递给我。

你已在我的身体里，化为快乐的因子。

我们从此永不分离。尤其当我微笑时。

泰饗 Thai Feast
好丘

二〇一八・五・十三

原来为爱奔波，是一种幸福

站在窗台前，星星还在，却找不到月亮。我环绕屋子一圈，不甘心，跑到顶楼，山在、云在、点点星光在，月亮真的不在了。

你是否和我一样，在丧失亲人或是亲近的生活伴侣后，执着地找月亮？你已失去太多，不相信月亮也会离开。你放下了丧失挚爱之痛，生活却一下子空了，惶惶不安，不知道做什么？

然后才想起，原来前阵子那段为爱奔波的日子，是多么甜蜜的回忆，多么饱满的人生。

当时的你，可能把日子过到张力十足，每一分一秒都可能改变结果。你甚至偶尔会感觉疲累不堪，没日没夜地把心搁在那里，没有一刻是放心的。

这个让你奔波的，可能是你的爸爸，你的妈妈，你的伴侣，或是和我一样你的毛小孩。人们都说“久病无孝子”这话说得刻薄，但如果它是形容子女为父母奔波医院往返照顾时免不了的精神疲惫，倒是有几分事实。

我是一个不喜欢生活被手机打扰的人，但是当成吉思汗病危住院时，我开始天天把手机放在身边，夜里搁在枕头旁。

任何信息可能都关乎它的生命。五天之后，清晨五时五十分，台大动物医院打电话至我的手机，我看到号码显示，已知道答案，我可怜的宝贝，走了。

之后我居然就忘了把手机放回书桌上，这样的日子断断续续，经过两个星期，我才慢慢恢复正常生活轨道。

老天爷简直就是和我开玩笑，莫名其妙走了一个毛小孩，又意外两周后再走一个，然后不过一个月又八天，南禅寺深夜病危。

从今年一月十二日至五月二日，我每日奔波医院、工作之间，有一段时间她的病情比较稳定，我让她白天、夜晚都到医院治疗，然后回家睡觉。为了给她一个安全的睡觉环境，我走到丽婴房，脸色如死鱼，没有一点笑容，我急着要一张床，而且有纱罩，这样才能给我的宝贝足够的氧气，并且可以排出二氧化碳。和店员沟通时，她当然不能理解我的沮丧，推销一些为迎接婴儿诞生的欢乐装置，例如旋转的木挂铃铛，我当时感觉快要窒息，至今我都记得自己如何不耐地打断她，告诉她我要什么，赶紧打包，我没有时间了。快！快！快！因为之后，我们还得去取朋友诊所好心提供的大小氧气瓶，已经下午五点，别人快关门……

那段回家睡觉的日子，总是两桶氧气瓶，一个开，一个备用，一楼门口，还有车上，都各有一个小氧气瓶，万一不行，半夜送她回医院急救。什么都要准备好，每个人都要背好各种状况的 SOP。

录制节目工作时，若有空档，我立即找手机，想要了解她的最新血检，是否有什么状况。

每天晚上我会根据血检，调整她的食物，尤其肉的比例。每周一、三、五，总是得跑好几趟才能买到没有油花的菲力牛排，为南禅寺做她最爱的牛肉泥。我问了大医院治疗人的营养师，也不断找肾衰竭患者的食品，可是南禅寺有溶血症，又卧床，我需要金针菇、菠萝、牛肉来解决她的部分问题。

每日工作完了，不管是九点、十点、十一点，我总是拜托医院，让我探望她。在医院，我见了人，即话说个不停，其实我知道，我并不正常，因为我的内心非常焦虑。

而且恐慌。

在南禅寺后期几天，我每天早上五点五十分左右一定吓醒，拿起手机，看自己是否错过了什么。那是成吉思汗走的时间，他孤零零没有人陪伴，躺在冰冷的柜子里，喘不过气来，痛苦地走了。从此清晨五点五十分成为刻划我潜意识最重要的大笨钟。

过去的四个月，我强颜欢笑，勉强工作，内心其实脆弱无比。我终于如此亲切地感受到为什么我的学姐牛湄湄照顾失智父母，最后会得恐慌症，而且关了她的律师事务所。她告诉我，在法庭，法官叫她的名字，她听到了却几乎说不出话——而她自己以前也是法官。

精疲力竭时，免不了没有耐性，同事做错事，尤其害怕他们给错药，我经常处在崩溃边缘。

虽然我每天如常工作，说笑话，问大家：今晚要吃什么？笑眯眯的表情下，我的心，痛到自己不敢碰触。甚至累到极点时，会回头想：小甜点突然走了，成吉思汗五天潇洒告别，何尝不是一种“孝顺”。

这样的念头，对南禅寺当然不公平。是她撑在那里，受苦、寂寞，使妈妈有足够的时间接受她，再离去，再失去一个孩子。

南禅寺走后，我的人生重心，一下子没了，下了班若有所失地回家，有时候想去医院看短尾白，怕过了探病时间，太打扰医院，医疗人员不高兴。已经习惯奔波的脚，慢慢停下来，七上八下的心，慢慢安静下来。

可是我却觉得这样的人生，不是喘了一口气、解脱，我感觉自己的身体好像破了一个大洞。

我开始思念她十七岁的一生，然后发现我们情感最靠近的时候，就是最后这四个月。她是我的月亮，我是她的太阳，每天我走进医院的脚步声，对她是最美好的音乐，我两手抱住她，对她是最温暖的温度。

每日深夜两点前，我在她的床边，唱歌，拍她的头，是我一天最快乐的时光。

那天有位同事，母亲开刀，她也在工作、医院两头奔波，揪心无力。我告诉她自己的经验：有一天，你会怀念这一切。这段时光，你们最亲近，未来会成为你最甜蜜的回忆。

为你所爱的人或是毛小孩奔波，是世界上最幸福的事。

它很辛苦，可是有一天你会明白：它，多么弥足珍贵！

二〇一八·五·十四

适当的悲哀可以表示情感的深切，过度的伤心，却证明智慧的欠缺。

——莎士比亚

干儿子送我的母亲节礼物：取名“东大寺”。纪念南禅寺和二〇一三年五月十五日过世的李敖大哥大。

他睡在南禅寺的公主床上，半夜起床哭喊，Help，要尿尿。

这一家，又凑足了五条好汉。

二〇一八·五·十七

忽忽集团语录

别忧伤得太早，我们的经历还太少，还不明白什么才是真正的忧伤。所以，尽情地欢乐吧！

相依为命的忽冷忽热及忽必烈，长大了。

一个八个月半，一个七个月。没有人知道忽必烈会长多大。

二〇一八·五·三十

午后·语录

他人的眼睛是我们的监狱，他人的意见是我们的牢笼。

——伍尔芙

我坐在窗畔。回想起青春，有时我会微笑，有时免不了狠狠骂人。

——布罗茨基

人自从他被投进这个世界的那一刻起，就要对自己的行为负责。

——萨特《存在主义是一种人道主义》

人类的快乐，不是靠理性、计算机、物质，而来自情感、直觉、本能、快乐行动。凡永恒伟大的爱，都要绝望一次，消失一次，一度死，才会重获爱，重新知道生命的价值。

——木心

一生至少该有一次 / 为了某个人而忘了自己 / 不求有结果，不求同行 / 不求曾经拥有，甚至不求你爱我 / 只求在我最美的年华里 / 遇到你

——徐志摩《忘了自己》

好的围棋要慢慢地下，好的生活历程要细细品味，不要着急把棋盘下满，也不要匆忙地走人生之路。

——林清玄《下满的围棋》

白毛之家，一家四口，
依序是：馒头、忽冷忽热、东大寺、忽必烈

二〇一八·六·一

亲爱的孩子，明天六月二日，盘指一算，你足足已离开了一个月。

这个月，三十天，对我有如数年那么长。我好像跨过了一个时区，跨出了一段岁月。你的离开，加上弟弟们突然一起告别，把我推入了老年。一个新的生命旅程。

这三十天，只要人在台湾，我仍然每天为你插一盆花，泡一杯奶泡，你的玩偶穿上你生前的衣服，还在开着跑车，放在我的卧室。我每天早上起床，总是拍她一下，晚上睡觉，亲一下以你为图针织的抱枕。

这一生你是快乐的，我陪你到最后，也爱你至今。

我之所以这么做，不是自欺欺人，而是我告诉自己，学习南禅寺精神，有泪必不轻弹，再苦也要快乐。况且，我知道你是个小气鬼，你也会在意妈妈有了东大寺、忽忽集团，是否忘了你。

孩子，我永远不会忘记一个和我相依为命，陪我度过中年的最佳玩伴。

所有我们共同拥有的酸甜记忆已留下，我学会了更珍惜每一个平凡、无灾无离的日子。

现在不管去哪里工作，夜晚我还是会想起你，光阴对我说，泪流完了，你该幸福了。

当生命中各种痛都已尝过，我更想记住的是你快乐的能量。

你走了以后，我们都没有忘记你在医院结交、顺便偶尔欺负的朋友：短尾白。她在你离开的前一天，陪伴你最后一夜。你疼痛气喘哭泣时，她爬过来，尝试用她残废的身体，却满满的温暖之心触碰你，告诉你：不要怕，我们都在。

你离开前照顾你、陪你三年半的马姐姐，凌晨四点哭着求医师让你离开吗啡、氧气，搭乘最后一次车。医生动容地答应了，那一夜，你乌溜溜的眼睛又再度睁亮，坐在驾驶座，享受安静的台北夜景。

最后一夜。最后一趟。

妈妈没有忘记所有你的朋友，我会照顾她们，就像她们照顾你、陪伴你到最后。

我们仍然每周至少三次为短尾白送饭，仍然到医院带着她的“豪车”，推她离开没有阳光的医院，出去逛街。

你走了，朋友的小孩送来了另一个小霸王。为了纪念你，取名他为东大寺。

但悄悄地告诉你，他没有睡你的床。

因为你，在妈妈心目中，永远独一无二。

孩子，让我们在不同的地方共同记得，彼此鼓励，要永远快乐。

二〇一八·六·七

我们从来不知道哪里是终点。

这是我的几个毛小孩走后，我最深刻的感触。

即使南禅寺，已经溶血症三年半、肾衰竭一年多，最后病危约四个月，除了最后一天，我知道必须和她告别，知道这是我抱紧她的最后一次，在此之前我仍未充分了解，体悟什么叫“最后”。

文人说：见一面，少一面。明白这个道理，往往人及一切都已经走到了终点。那一刹那，我们回头一看，才体会了什么叫：见一面，少一面。

今年三月，南禅寺还可以每天晚上回家睡觉，我总是顾着她至凌晨三点，才安心上床。上午八点多，助理带她回医院前，会抱着她到我床边，她撒娇地手靠着我，躺个约半小时，等助理伸手要抱她走时，她总会抗拒一下。

睡在我的枕头旁，是她童年时的回忆，当她虚弱时，她想回到童年，靠在妈妈的身边。十七年前也是这样，妈妈一步步救她，她可能以为一切可以重来。她，并不明白生命的界限，她不知道世上有个东西叫作“死亡”。

一切直到四月初，日夜如此，然后她的病情几次夜晚发作，约莫四月二日最后一个清晨，我们再也没有机会互相依偎。

那一天，助理一如往常，伸手，她一如往常抗拒，我一如往常地亲吻她，告诉她，今晚很快就会回来，乖。那个晚上，她癫痫发作，四月二日，我们的上午彼此依偎的仪式，成了最后。

即使南禅寺走前十天，我们用馒头的车子推她在小区里逛街，我开心地和她一起散步说话，我们都没有意识到，那就是最后一次。

我们都未进入状况，明白每走一步，好似多一步，其实也是少一步。

散步完几个小时之后，她呕吐了，赶紧回到医院，胰脏发炎、肾脏指数升高……她从此再也没有回家。直到往生那天。

如今她走了足足五个礼拜，有些事我仍历历在目，有些感觉我恍若隔世。

谢谢她留下了一个可爱的好朋友，短尾白。

过去许久，没有人帮短尾白洗澡。现在每个月初，我的司机会带短尾白至充满爱心的多俐宠物美容店，给她一个好 SPA。

这家多俐宠物美容店照顾南禅寺自小到老，南禅寺住在台大动物医院时，老板一知道，二话不说，立即帮忙我们，至台大动物医院帮她剪头发及指甲数次，不多加费用，还不断地叹息：我看着他们长大，怎么突然一个个都走了……

过去听说短尾白怕水，曾经洗澡到一半突然大拉肚子。我们特别要求司机把白白送到多俐，这里的老板年纪比较大，不像年轻人懂时髦，店面不讲究装潢，可是很有爱心。

果然司机一面喂食短尾白鸡肉、蛋白，白白才第二次来这里洗澡，已非常舒畅，很有安全感。

白白已经十二岁，我不知道还能照顾她多久。但是南禅寺、小甜点、成吉思汗以及离去的功课，教会我，对你所爱的人及动物，尽可能付出，给予爱。

因为你不会知道，哪一次，就是绝响。

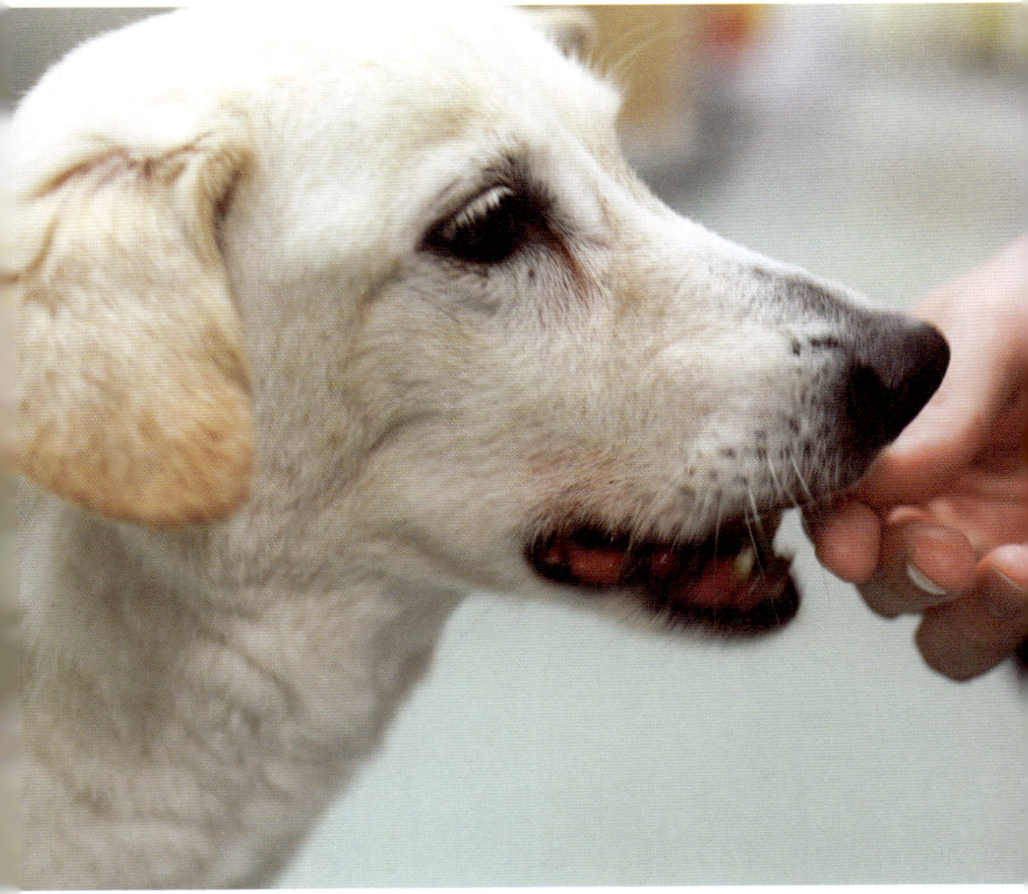

二〇一八·六·十五

挥别悲伤，我们家成立 M&H Rock Band（馒头加忽忽集团摇滚乐团）。

M&H Rock Band 主唱馒头至台大动物医院找爱狗的林中天教授检查眼压，等诊期间上楼探望短尾白姐姐，在台大动物医院到处碰到友善人士要求合拍，顿时成了网红。

M&H 目前正在练习的主题曲 *Take It Easy*。

二〇一八·六·二十一

关节炎及干眼症去台大、沐恩动物医院就医的史特劳斯，探望短尾白，两个“不来电”。

史有意，白无情。

二〇一八·六·二十二

从去年开始，尤其春节、生日、端午节，总有人送我大苹果。那是史先生的最爱，于是史先生每天都吃一个大苹果，乐极真会生悲，史特劳斯成了大胖子。

如今关节炎，走路疼痛，而且因为成长过程是流浪狗，营养不良，所以骨骼已提早老化，开始服用维骨力。

但这话是谁说的？必须相信，在这个世界，在某个角落，在某个对的时间，你会碰到一直默默等待你的“人”。

今天史先生依例周五去“放放窝”宠物美容，又遇见“女史”，放放窝亲昵地称她为“史太太”。

两个就这样，被“送做堆”了。不过户政上尚未完成登记手续，Who Cares？

TRIPLE
DOG
WASH

二〇一八·六·二十八

孩子，我们并不只是活在我们所属的时代里，我们身上也扛着历史。不要忘记你在这个房间内看到的每一样东西，都曾经是崭新的。

——《苏菲的世界》

二〇一八・七・二

我五十岁的生日礼物，那个坐在电视台主持人桌上的小娃娃南禅寺，代表了我人生一个时代。

谢谢所有曾经祝福她，为她祈祷的朋友们。

七月二日，今天是她两个月的忌日。

旁边咖啡色是她的仇人，Smokey，我的博美犬，二〇一一年意外地走了。

当时我们不认识苏璧伶医师，他得了心脏病，被一个号称另类疗法的鬼医生喷药，当场立刻心脏衰竭、肺积水、咳血，鼻孔流血一个晚上，半夜十一点半，我请另一个好医师敦化动物医院陈医师为他注射安宁的药物，就走了。

他走后，我整整哭了两年，还叫南禅寺向他的照片鞠躬道歉，南小姐因此有半年不和我来往。

今天找到这个礼物的是鬼灵精怪的东大寺。他遗传了Smokey的长相、成吉思汗的毛色，还有南小姐的霸道。

是的，人生快乐的时光不会倒流，但是快乐的回忆可以永怀心中。

谢谢我所有天堂上的孩子们，曾经给我的欢乐。

谢谢过去半年来我不断地失去三个小孩当我痛苦万分时，所有祝福我协助我宽容我的你们。

谢谢现在仍然陪在我身边，继续给我欢乐的毛小孩们。

送给南禅寺的歌曲 *To Where You Are*。

二〇一八·七·四

愿我们重逢那幽暗的松树林

——改写自爱尔兰·乔伊斯诗

我愿我们重逢
在那幽暗的松树林，
在深邃凉爽的树荫下，
在日中正午时分。
躺在那里多么美好，
我们共享野餐，
那广大的松树林
有着长廊通道，你可以任意奔跑！
随着你的毛发
一阵轻柔的风吹起，
我俯就亲吻
明白什么叫美好。

亲爱的孩子，你还听得见我的呼唤吗？
去那松树林，
在日中正午时分，
如今的你可以飞翔树梢，
然后我们在树荫下相会，
我们躲迷藏，
别让老天发现。
亲爱的孩子，你还听得见我的呼唤吗？

——成吉思汗走后七个月，七月四日

二〇一八·七·七

悲剧远去，喜剧开始。

他们说，所有你失去的，疼痛的，老天会在适当的时机还给你。

过去这个冬天，是我永生难忘的经历，凛厉岂止是冬风，还有刺到骨子里的冷冽。

一切过去了，慢慢淡去，我终于有勇气为成吉思汗烧一支红色的蜡烛，点一串檀香。我不再每天起床拍拍开车玩偶的头，假装我的南婆子还在天堂玩耍。

孩子，我接受了，你们皆一一离我远去。

而依我的年龄和身体状况，这应该是我一生还有余力好好照顾毛小孩的最后阶段。

我原本打算自己陪着馒头、史先生，一起老去，一起依偎。

可是学生们，我的干儿子、干女儿，他们不希望，或是不习惯看到我接受老，更不愿意我一直陷在悲伤回忆中。

他们已习惯了所谓茜茜之家，就是儿孙满堂，欢乐满室。

于是年初我有了忽冷忽热及忽必烈，四月三十日深夜南禅寺即

将离世前两天，我有了东大寺。

前天干女儿在群组中贴了一只小西施犬，我调皮惯性地乱问：谁的狗？把她偷回来。当然没有当真。

事实是：原来干女儿自南禅寺过世后，已经为我寻觅南禅寺继承人许久，并且找到了，还用动物口语和她沟通，把她带回自己家中，偷偷照顾了三个星期。

等到七月六日美中贸易大战当天，她已经稳定了，从“放放窝”来到我家。

本来想取名为：西禅寺，传承南禅寺。但是当我抱着她时，我立即明白，我的孩子已经远去。我以为我会因为缅怀南禅寺，遗爱西禅寺，结果发现，这个小孩有她自己独特的生命，自己独特的可爱，自己独特的模样。

原来人对过去的缅怀，只是一种情绪，它似有似无，有一种冲动想找回她，见到了西禅寺，恍然明白过去的，真的已经过去了。

于是今天决定将她改名为：西西公主。

她不是任何小孩的附庸，而南禅寺，永存我心中，不必重复。正如所有美好往事，回忆即可，不必追。

二〇一八·七·十

一个真假公主的传说与现实

台风逃离山区，至台北我的母亲家的西西公主，和奥匈帝国的Sisi公主合影。

她是一位美丽而深受爱戴的皇后，如今Sisi公主早已成为一种偶像人物，维也纳有以她命名的巧克力、咖啡馆，还有博物馆。

霍夫堡皇宫的西西公主博物馆，展示了传说之后的真实。

博物馆集中展示西西公主的个人生活，特别是她对宫廷礼仪的反抗、对美丽和瘦身的疯狂追求、对体育的极度热衷以及对诗歌的痴迷。

西西公主本是一位美丽的巴伐利亚少女，意外地和奥地利皇帝订婚，直至最后一八九八年在日内瓦不幸遇刺。

博物馆展品包括一件少见的当年保留的夏日服装、结婚前夜聚会礼服的复制品、著名的肖像画、二十三件的旅行化妆套包、带有她亲自手绘信纸的小书桌、绘画颜料盒、六十三件旅行药箱、她当年豪华座车的仿制品，以及她被刺杀后的面部石膏像。在霍夫堡咖啡馆 Café Hofburg 可享受到美食。

至于我们家的西西公主，则是巴着餐桌，饿饿的平凡美婴儿，站在书桌西西公主肖像旁，她格外紧张。

放心，你不是真公主，也不会遇刺。只是要小心……东大寺。

二〇一八·七·十一

经历一夜风雨惊吓，及彼此难得同住一层楼，不停地争宠，被东大寺、忽忽集团抢骨头。加上不断地出外穿雨衣小便，回家又再吹头发……

史先生受够了。中午风雨暂歇，他戴上遮阳帽，开心地告别台北市。

再见！台北！谢谢，阿嬷的家！

二〇一八·七·十五

和谐号，依序是：忽冷忽热、馒头、忽必烈。

二〇一八·七·十七

热浪，是哪个诗人在歌颂夏日的？

但愿我是，你的夏季，
当夏季的日子插翅飞去，
我依旧是你耳边的音乐。
当夜莺和黄鹂精疲力竭，
为你开花，逃出墓地，
让我的花开得成行成列！
请采撷我吧——秋牡丹——
你的花——永远是你的！

——艾米莉·狄金森《但愿我是，你的夏季》

二〇一八·七·十七

短尾白语录

如果有机会离开医院，哪怕很短暂，每次我一定抬头仰望天空。

我总是想对着天空说话，我想谢谢天空。它没有厚此薄彼，不因我的瘫痪而遮蔽，不因我曾经被抛弃而嫌弃，不因我的渺小而远离。

因为天空的美好，那些交织的云及彩虹，不管阴暗或明亮，对我这样的生命，天空皆未曾保留馈赠，它赐予我的，永远都是惊叹的礼物。

再平淡的生命，只要放进天空的大舞台下，都会有它绽放灿烂的一刻。

谢谢你，天空。

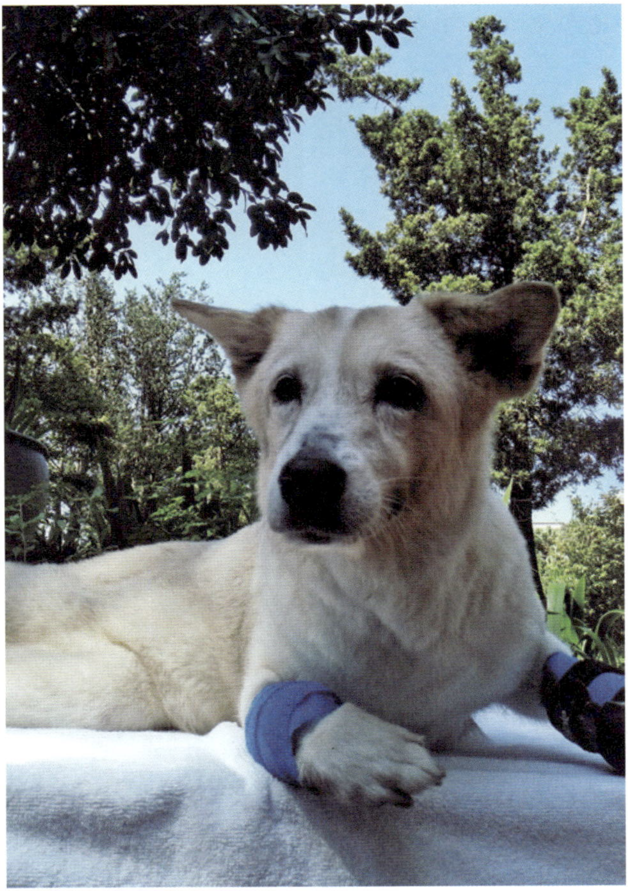

二〇一八·七·十八

今晚送东大寺、西西公主入洞房，结果东大寺从床上跳下来，逃婚。

因为听到音乐*My Heart Will Go On*，他不想当莱昂纳多殉情，自己先跳床了！

留下错愕的新娘，西西公主。

二〇一八·七·二十四

东大寺历史上的一天

我只知道从这一夜以后，
喧嚣的世界，将如梦飘散，
一座鸡肉条撑起的天堂，将既香又美不胜收。
今夜的一切，将永留我心中。
——东大寺与西西公主圆房了，相依偎，梦成真。

二〇一八·七·二十四

短尾白语录

一个人与父母之间的功课若没修完，便需要在其他亲密关系中完成，然后再在亲密关系中，重复相同的错误。

逃，也逃不掉。

直到你彻底领悟为止。

结语

人为什么怀旧？不只是老了，不只是现在和那个年代有点距离，所以它看起来特别有美感。

我认为很大的原因是我们在经历某些人生经验或历史时，当下往往不理解它的意涵。往往要过了许久许久，我们才赫然惊觉自己走过的足迹。当时的痛，当年的苦，昔日的彷徨，年轻时的挥霍，特傻的日子，过了几十年，猛烈的心疼才油然而生，于是开始了想念过去，开始了怀旧。

那一刻，我们才惊觉原来当年的我们，日子是这样爬出来的：所有的欢乐，是这样自我欺骗才换得的。

所以有时候，我们怀的旧，有一点像长大或者老去的我们，对年轻脆弱的自己，来一点点回盼，给一点点安慰。

把往事包装起来，像对一个已然被摧毁的玩具，重新修补、装扮，给点美的颜色，给件美的衣裳……那些遗憾、惭愧，或者回不去的过往，透过重新编织，让仍要活下去的我们，有了幻想，有了陶醉。

怀旧，看起来很美，其实是对失去的、消逝的、荒唐的、遗憾的过去，一种温柔的抗争。

它像止痛剂。

图书在版编目（CIP）数据

为爱奔波：毛小孩们教我的生死课 / 陈文茜著. —
北京：九州出版社，2019.12
ISBN 978-7-5108-8601-0

Ⅰ. ①为… Ⅱ. ①陈… Ⅲ. ①散文集—中国—当代
Ⅳ. ①I267

中国版本图书馆CIP数据核字（2019）第278050号

为爱奔波：毛小孩们教我的生死课

作　　者　陈文茜　著
出版发行　九州出版社
地　　址　北京市西城区阜外大街甲35号（100037）
发行电话　（010）68992190/3/5/6
网　　址　www.jiuzhoupress.com
电子信箱　jiuzhou@jiuzhoupress.com
印　　刷　天津市豪迈印务有限公司
开　　本　700毫米×970毫米　32开
印　　张　10
字　　数　120千字
版　　次　2020年3月第1版
印　　次　2020年3月第1次印刷
书　　号　ISBN 978-7-5108-8601-0
定　　价　48.00元